ΓΕΝΙΑ ΤΗΣ ΤΑΥΤΟΤΗΤΑΣ

Αρχικός τίτλος: *Die identitäre Generation*, Λονδίνο: Arktos, 2013.
Η πρώτη μετάφραση στα αγγλικά εκδόθηκε το 2013 από την Arktos Media Ltd.

Copyright © 2014 by Arktos Media Ltd.

Απαγορεύεται η αναδημοσίευση, η αναπαραγωγή, ολική μερική ή περιληπτική, η απόδοση κατά παράφραση ή η διασκευή του περιεχομένου του βιβλίου, με οποιονδήποτε τρόπο χωρίς την προηγούμενη γραπτή άδεια του εκδότη.

Εκδόθηκε στο Ηνωμένο Βασίλειο.

ISBN 978-1-910524-13-8

Μετάφραση: Δημήτριος Παπαγεωργίου
Εξώφυλλο: Andreas Nilsson

ARKTOS MEDIA LTD
www.arktos.com

Markus Willinger

ΓΕΝΙΑ ΤΗΣ ΤΑΥΤΟΤΗΤΑΣ

ΜΙΑ ΔΙΑΚΗΡΥΞΗ ΠΟΛΕΜΟΥ ΚΑΤΑ ΤΗΣ ΓΕΝΙΑΣ ΤΟΥ '68

ARKTOS
London, 2014

Αυτό το βιβλίο εκφρράζει αποκλειστικά τις απόψεις, ιδέες και ισχυρισμούς του συγγραφέα, Markus Willinger. Ούτε ο συγγραφέας, ούτε αυτό το βιβλίο είναι εκπρόσωποι κάποιων ή όλων των ευρωπαϊκών κινημάτων και οργανώσεων των identitaires.

ΠΙΝΑΚΑΣ ΠΕΡΙΕΧΟΜΕΝΩΝ

ΣΗΜΕΙΩΣΗ ΤΟΥ ΜΕΤΑΦΡΑΣΤΗ 7
ΠΡΟΛΟΓΟΣ: Η ΠΡΩΤΗ ΓΡΑΜΜΗ.............9
ΕΚΔΟΤΙΚΟ ΣΗΜΕΙΩΜΑ 13
ΕΙΣΑΓΩΓΗ 15
1. Η ΓΕΝΙΑ ΤΗΣ ΤΑΥΤΟΤΗΤΑΣ 17
2. ΓΙΑ ΤΗΝ ΜΟΝΑΞΙΑ 19
3. ΓΙΑ ΤΗΝ ΘΡΗΣΚΕΙΑ........................21
4. ΓΙΑ ΤΗΝ ΠΟΛΙΤΙΚΗ........................23
5. ΓΙΑ ΤΗΝ ΕΙΔΥΛΛΙΑΚΗ ΟΙΚΟΓΕΝΙΑΚΗ ΖΩΗ ...25
6. ΓΙΑ ΤΑ ΦΥΛΑ 27
7. ΓΙΑ ΤΑ ΑΓΕΝΝΗΤΑ ΠΑΙΔΙΑ 29
8. ΓΙΑ ΤΗΝ ΟΙΚΟΝΟΜΙΑ 31
9. ΓΙΑ ΤΗΝ ΚΡΙΤΙΚΗ ΣΚΕΨΗ 33
10. ΓΙΑ ΤΗΝ ΟΙΚΟΛΟΓΙΑ........................35
11. ΓΙΑ ΤΗΝ ΠΟΛΥΠΟΛΙΤΙΣΜΙΚΗ ΚΟΙΝΩΝΙΑ.....37
12. ΓΙΑ ΤΗΝ ΠΑΓΚΟΣΜΙΟΠΟΙΗΣΗ...............39
13. ΓΙΑ ΤΗΝ ΔΗΜΟΚΡΑΤΙΑ 41
14. ΓΙΑ ΤΗΝ ΠΟΙΚΙΛΟΤΗΤΑ.....................43
15. ΓΙΑ ΤΟΝ ΕΘΝΙΚΟΣΟΣΙΑΛΙΣΜΟ...............45
16. ΓΙΑ ΤΟ ΤΕΛΟΣ ΤΟΥ ΚΟΣΜΟΥ 47
17. ΓΙΑ ΤΗΝ ΕΞΩΤΕΡΙΚΗ ΠΟΛΙΤΙΚΗ.............49
18. ΓΙΑ ΤΗΝ ΕΥΡΩΠΑΪΚΗ ΕΝΩΣΗ 52
19. ΓΙΑ ΤΟΝ ΘΑΝΑΤΟ..........................54
20. ΓΙΑ ΤΗΝ ΣΕΞΟΥΑΛΙΚΟΤΗΤΑ.................56
21. ΓΙΑ ΤΟΝ ΡΑΤΣΙΣΜΟ 58
22. ΓΙΑ ΤΗΝ ΝΕΑ ΧΡΟΝΙΑ 60
23. ΓΙΑ ΤΗΝ ΠΑΡΑΚΜΗ ΚΑΙ ΠΤΩΣΗ ΤΗΣ ΡΩΜΑΙΚΗΣ ΑΥΤΟΚΡΑΤΟΡΙΑΣ 62

24. ΓΙΑ ΤΟ ΙΣΛΑΜ.................................65
25. ΓΙΑ ΤΟ ΣΩΜΑ ΚΑΙ ΤΟ ΜΥΑΛΟ..............67
26. ΓΙΑ ΤΗΝ ΕΛΕΥΘΕΡΙΑ.........................69
27. ΓΙΑ ΤΟΝ ΕΘΝΟΠΛΟΥΡΑΛΙΣΜΟ...............71
28. ΓΙΑ ΤΗΝ ΥΠΕΥΘΥΝΟΤΗΤΑ...................73
29. ΓΙΑ ΤΟΝ ΠΑΓΚΟΣΜΙΟΠΟΙΗΜΕΝΟ ΚΟΣΜΟ....75
30. ΓΙΑ ΑΥΤΟΥΣ ΠΟΥ ΑΠΕΔΡΑΣΑΝ..............78
31. ΓΙΑ ΤΟ ΠΝΕΥΜΑ ΤΗΣ ΕΠΟΧΗΣ (ZEITGEIST)..80
32. ΓΙΑ ΤΗΝ ΛΑΧΤΑΡΑ ΓΙΑ ΤΑΥΤΟΤΗΤΑ.........82
33. ΓΙΑ ΤΗΝ ΥΠΟΧΡΕΩΤΙΚΗ ΣΤΡΑΤΙΩΤΙΚΗ ΘΗΤΕΙΑ.....84
34. ΓΙΑ ΤΗΝ ΕΝΣΩΜΑΤΩΣΗ......................86
35. ΓΙΑ ΕΝΑΝ ΚΟΣΜΟ ΧΩΡΙΣ ΤΑΥΤΟΤΗΤΕΣ......88
36. ΓΙΑ ΤΗΝ ΣΥΓΚΡΟΥΣΗ ΣΤΗΝ ΜΕΣΗ ΑΝΑΤΟΛΗ 90
37. ΓΙΑ ΤΗΝ ΤΕΧΝΗ.............................92
38. AUREA AETAS: Η ΧΡΥΣΗ ΕΠΟΧΗ.............94
39. Η ΑΠΟΦΑΣΗ ΜΑΣ............................96
40. ΤΑ ΟΠΛΑ ΜΑΣ...............................99
41. ΚΗΡΥΞΗ ΠΟΛΕΜΟΥ.........................101

ΣΗΜΕΙΩΣΗ ΤΟΥ ΜΕΤΑΦΡΑΣΤΗ

Μπορεί η γενιά του '68 να μην είναι όρος που χρησιμοποιείται ευρέως στην Ελλάδα. Μπορεί και όροι όπως το "Κίνημα της Ταυτότητας" να είναι σχετικά άγνωστοι." Στην πραγματικότητα όμως, ο πρώτος τουλάχιστον όρος εκφράζεται επακριβώς στην χώρα μας, από αυτό που ονομάζεται "γενιά του Πολυτεχνείου". Μία γενιά η οποία όπως ακριβώς στην Γαλλία η γενιά του '68 ή στην Αμερική οι περιβόητοι baby boomers, κατέλαβε πλήρως κάθε πόστο εξουσίας. Και προσπάθησε να διαμορφώσει το σύνολο της κοινωνίας γύρω της, όπως το είχε φανταστεί στα επηρεασμένα από το κίνημα του πολιτιστικού μαρξισμού, νεανικά χρόνια της. Στην πορεία βέβαια μπόλιασε αυτές τις φαντασιώσεις με την ευδαιμονία των ανοδικών χρόνων του καπιταλισμού. Και κάπως έτσι μας προέκυψε η σημερινή κατάσταση. Όπως ακριβώς στην Ελλάδα, έτσι και στην Γαλλία, έτσι και στην Αυστρία, που είναι η πατρίδα του συγγραφέα αυτού του μικρού αλλά τόσο εύστοχου βιβλίου.

Κάθε κεφάλαιο αυτής της κήρυξης πολέμου – και όχι μανιφέστου όπως τονίζει ο συγγραφέας – θα μπορούσε να γίνει ένα βιβλίο από μόνο του. Αντί όμως να ψάχνει τα αίτια και να αναλύει την ιστορική διαδρομή, προτιμά απλά να κάνει διαπιστώσεις και να δίνει απαντήσεις.

Σαφώς δεν μπορεί κανείς να συμφωνεί με όλα όσα γράφει ο Markus Willinger. Είμαι βέβαιος όμως ότι μία κρίσιμη μάζα των επιχειρημάτων του, θα βρει σύμφωνο κάθε άνθρωπο που είναι διατεθειμένος να σκεφτεί εκτός των πλαισίων της πολιτικής ορθότητας, του τελευταίου μηχανισμού άμυνας του συστήματος, πριν περάσει στην άμεση καταστολή.

Ο Markus Willinger από την πλευρά του δεν γράφει ως Αυστριακός, δεν γράφει ως Γάλλος και σίγουρα δεν γράφει ως Έλληνας. Γράφει ως Ευρωπαίος. Και αυτό είναι ίσως το πιο σημαντικό που προκύπτει από το "κίνημα της ταυτότητας". Ότι δεν πρεσβεύει λύσεις για την Αυστρία, την Ελλάδα ή την Γαλλία. Αλλά κινείται σε ένα επίπεδο ευρωπαϊκό, πέρα από -ισμούς. Αντιπροσωπεύει μία γενιά που μεγαλώνει στην Στοκχόλμη, στην Αθήνα, στην Βιέννη και στο Παρίσι. Και αυτή η γενιά δεν περιμένει να ακουστεί. Βρίσκεται στο επόμενο στάδιο. Στο στάδιο στο οποίο πολεμά για την επιβίωσή της. Με τους δικούς της όρους.

Προσωπικά αισθάνομαι ότι περισσότερα με συνδέουν με τους νέους που μάχονται μέσα από τα κινήματα της ταυτότητας, όπως αυτά προκύπτουν τελευταία σε ολόκληρη την Ευρώπη, παρά με έναν αριθμό συμπατριωτών μου της ίδιας ηλικίας στην Ελλάδα. Θα μπορούσα να συνεχίσω για αρκετές σελίδες πάνω σε αυτό το ζήτημα. Νομίζω όμως ότι θα ήταν λάθος.

Σκοπός της μετάφρασης αυτού του βιβλίου άλλωστε δεν είναι η διάδοση των απόψεων του μεταφραστή, αλλά μάλλον η ανάγκη ο εν ελλάδι πατριωτικός χώρος να εγκαταλείψει τις περιχαρακωμένες θέσεις του και να έλθει σε επαφή με τα σύγχρονα ρεύματα σκέψης στην υπόλοιπη Ευρώπη. Και γι' αυτό τον σκοπό το συγκεκριμένο βιβλίο παίρνει άριστα.

Δ. Παπαγεωργίου

ΠΡΟΛΟΓΟΣ: Η ΠΡΩΤΗ ΓΡΑΜΜΗ

του Phillippe Vardon*

"Επειδή είμαστε αρκετά μεγάλοι για να αντιμετωπίσουμε όλες τις προκλήσεις και έχουμε μία τεράστια ευθύνη έναντι της ιστορίας, κάναμε την επιλογή να αντισταθούμε".

— *Manifeste des Jeunesses Identitaires* (μανιφέστο της νεολαίας των Identitaires), Σεπτέμβριος 2002

People try to put us down — Talkin' 'bout my generation
Just because we get around — Talkin' 'bout my generation
— The Who, 'My Generation'

Εγκαταλελειμμένους, απομονωμένους, ατομικοποιημένους, ξεριζωμένους. Χωρίς μνήμη... και ως εκ τούτου χωρίς πυξίδα για το μέλλον — έτσι μας ήθελαν. Πιο προσιτοί για τους εμπόρους, πιο εύπιστοι για τα μήντια, πιο υπάκουοι για τους εξουσιαστές. Αλλά κάτι πήγε λάθος με το σχέδιο τους, όπως αποδεικνύει η παρούσα εργασία. Η Γενιά της Ταυτότητας είναι η πρώτη από όλες τις γενιές, την οποία δικαίως κάποιος θα φανταζόταν χωρίς ταυτότητα. Ο κάθε ένας από εμάς υποτίθεται ότι θα έπρεπε να είναι πλήρως ηδονιστής, να υπολογίζει μόνον το κέρδος, ατομικιστής και απασχολημένος με το ερώτημα "τι θα κάνω" (με την ζωή ΜΟΥ, τα λεφτά ΜΟΥ, για την σταδιοδρομία ΜΟΥ). Αντ' αυτού έχει συγκλονίσει όλο τον κόσμο, αποδεικνύοντας ότι είναι πολύ πιο βαθιά, με κάθε πρόσωπο πρώτα να απευθύνει το ερώτημα "Ποιος είμαι" και μετά το "Ποιοι είμαστε εμείς;". Οι ηγέτες μας, που ξόδεψαν ολόκληρη την ζωή τους στο κυνήγι της ευχαρίστησης (και που συνεχίζουν να κάνουν το ίδιο όλο και περισσότερο), δύσκολα θα περίμεναν ότι κάποιοι αντιδραστικοί θα ξεπηδούσαν μέσα από αυτή την γενιά για να επιλέξουν το υπάρχειν έναντι του απλά φαίνεσθαι και το υπάρχειν έναντι του έχειν. Ίσως βρήκαμε αποδείξεις για τον περίφημο "millenium bug", και ίσως αυτό είναι ένα πραγματικό λάθος στο λογισμικό τους. Επέβαλλαν την ανεξέλεγκτη μαζική μετανάστευση σε ολόκληρη την Ευρώπη, προκειμένου να ενισχύσουν την πορεία τους προς τον θριαμβεύοντα πολυπολιτισμό και το "παγκόσμιο χωριό". Τι τεράστιο λάθος; Ενώ οι οικονομικές, κοινωνικές, πολιτιστικές και σε θέματα ασφαλείας συνέπειες αυτής της μετανάστευσης είναι δίχως αμφιβολία τρομερές θα φωνάξω κι εγώ, όπως ακριβώς οι ζηλωτές Κουίσλινγκ αυτής της παλίρροιας, "η μετανάστευση είναι μια ευκαιρία"! Είμαι προβοκάτορας; Σίγουρα, αλλά βλέπω την μετανάστευση ως μια ευκαιρία, επειδή επέτρεψε την αναγέννηση του λαού μας — των λαών μας. Γιατί είναι στο πρόσωπο του Άλλου, που η αίσθηση του "εμείς" αποκτά νόημα. Είναι στο πρόσωπο των Περσών που οι Σπαρτιάτες και οι Αθηναίοι ανακάλυψαν τους εαυτούς τους ως Έλληνες. Παρομοίως, είναι μέσω της συνάντησης των νέων Γάλλων με την εξω -ευρωπαϊκή μετανάστευση, και ως εκ τούτου την νέα συνειδητοποίηση των κοινών τους διαφοροποιήσεων, που προέκυψε το όνειρο της ταυτότητας. Αυτό το (συχνά δύσκολο, μερικές φορές βίαιο) όνειρο έχει μετατραπεί σε ένα κίνημα αντίστασης, και αύριο θα μετατραπεί σε ένα κίνημα επανάκτησης.

Ατίμωσαν τις σημαίες μας, έσβησαν τα σύνορά μας, διέστρεψαν τα ίδια τα ονόματα των πραγμάτων. Με αυτούς η πατρίδα δεν είναι πια η γη των πατέρων κάποιου. Μετατρέπεται σε μία νεφελώδη ιδέα, μια αφαίρεση, μία κατασκευή. Για μας αντιπροσωπεύει το πιο συμπαγές πράγμα από όλα: Τις λέξεις και τα τραγούδια μας, τα δάση και τα βουνά μας, τα καμπαναριά μας και τα κάστρα μας, τους τάφους των συγγενών μας και τις κούνιες των μωρών μας. Κουβαλάμε την σημαία μας μέσα μας και ανιχνεύουμε οι ίδιοι τα σύνορά μας: Αυτή είναι η ταυτότητά μας! Οι πράκτορες του συστήματος για να σκοτώσουν τους λαούς — για να παραθέσουμε την τρομερή φόρμουλα του Guillame Faye — θα ήθελαν να σπάσουν την αλυσίδα της κληρονομίας μας: Είμαστε εδώ για να επισκευάσουμε τους κρίκους της. Ο αγώνας της ταυτότητας — που σίγουρα προωθεί ένα ιδανικό και σίγουρα γυρνά γύρω από συγκεκριμένες ιδέες — είναι κάτι πολύ περισσότερο από ένα απλά "ιδεολογικό" ζήτημα. Είναι ένας αγώνας για συνέχεια (αφού η ταυτότητα δεν ανήκει στο παρελθόν, αλλά κυρίως είναι αυτό που ποτέ δεν πεθαίνει) ή για να το πούμε πιο ξεκάθαρα: επιβίωση. Είναι ένας αγώνας από τον οποίο δεν μπορούμε να υποχωρήσουμε ή να απορρίψουμε χωρίς να χάσουμε την αξιοπρέπειά μας ως άνδρες.

Η κήρυξη πολέμου του Markus Willinger, δίχως αμφιβολία παρουσιάζει μερικές προσωπικές απόψεις — αφού το να λειτουργεί κάποιος ως εκπρόσωπος μίας ομάδας δεν σημαίνει ότι χάνει την προσωπική του φωνή — και ως εκ τούτου κάποια σημεία και ιδέες με τα οποία ο αναγνώστης (όπως ακριβώς και ο γράφων αυτό το εισαγωγικό) μπορεί να διαφωνεί. Παρ' όλα αυτά, αυτή η εργασία συνοψίζει αρκετές από τις ιδέες και τις έννοιες του αγώνα για την ταυτότητα που ξεκίνησε (με αυτή την μορφή) στην Γαλλία το 2002 και ο οποίος τώρα ηχεί σε αρκετές αδελφές χώρες. Αυτό το κείμενο, ως εκ τούτου, πέφτει ακριβώς μέσα στην σφαίρα του αγώνα που ξεκίνησε από τους νεότερους ακτιβιστές της ταυτότητας (μέσω του κινήματος Generation Identitaire, που ιδρύθηκε τον Αύγουστο του 2012 και που έγινε ευρέως γνωστό μέσω της — συμβολικής — κατάληψης του τζαμιού στο Πουατιέ) κατά της γενιάς του '68 που έχει καταλάβει κυρίαρχες θέσεις ευθύνης σχεδόν σε όλους τους τομείς της κοινωνίας και που ευθύνεται σε μεγάλο βαθμό για το χάος το οποίο πρέπει τώρα να αντιμετωπίσουμε.

Θα έλθω σε αυτή την εισαγωγή σε ένα συμπέρασμα, προσκαλώντας όλους τους αναγνώστες να υποστηρίξουν μία ιδέα που πάντα προσπαθούσαμε να κρατήσουμε ζωντανή με τον τρόπο που αντιμετωπίζουμε τον πολιτικό-πολιτιστικό αγώνα που διεξάγουμε και η οποία — πιστεύω — καθορίζει έναν αριθμό αντιδράσεων και συμπεριφορών. Μερικοί άνθρωποι, διαποτισμένοι από έναν τύπο μακάβριου ρομαντισμού (που ίσως έχει την γοητεία του στην μουσική ή λογοτεχνική σφαίρα, αλλά που αποδεικνύεται καταστροφικός στην σφαίρα του πολιτικού ακτιβισμού), με χαρά αναλαμβάνουν τον ρόλο που δίνουν στους εαυτούς τους ως "τους τελευταίους ανθρώπους". Αντιλαμβάνονται τους εαυτούς τους ως την οπισθοφυλακή ενός κόσμου που πεθαίνει και αντιμετωπίζουν τον αγώνα τους ως πολύ πιο όμορφο, επειδή ξεκάθαρα είναι χαμένος. Αυτή η συμπεριφορά είναι τόσο καθησυχαστική (γιατί εάν ο αγώνας έχει ήδη χαθεί, δεν υπάρχει νόημα στο να κάνουμε κάποιες μοιραία μάταιες προσπάθειες) όσο και εντελώς αυτοκτονική.

Σε αντίθεση, οι identitarians είναι η πρωτοπορία, ή ακόμη καλύτερα η πρώτη γραμμή! Μακράν του να είναι η τελευταία έκφραση ενός κόσμου στην επιθανάτια αγωνία του, είναι οι πρώτοι πόνοι μίας νέας γέννησης. Για να χρησιμοποιήσουμε μία διαφορετική εικόνα, οι identitarians δεν είναι αυτοί που φυλάνε μία φλόγα που σβήνει, αλλά περισσότερο είναι χιλιάδες δαυλοί που φωτίζουν την νύχτα. Άπλωσε το χέρι σου φίλε μου, άρπαξε τον δαυλό και βάλτου φωτιά!

*Ο Philippe Vardon (1980) είναι πτυχιούχος των πολιτικών επιστημών. Το 2002, ήταν ένας από τους ιδρυτές του κινήματος identitaires στην Γαλλία, ξεκινώντας με το κίνημα νεολαίας τους Jeunesses Identitaires και επίσης βοήθησε στην δημιουργία του Bloc Identitaire, την κύρια οργάνωση των identitaires στην Γαλλία σήμερα. Ήταν ο κύριος εκπρόσωπος των Jeunesses Identitaires για πέντε χρόνια. Το 2007 ίδρυσε ένα τοπικό παράρτημα του κινήματος των identitaires στην πόλη του Νίκαια που ονομάζεται Nissa Rebela το οποίο συμμετέχει στις τοπικές εκλογές. Έβαλε υποψηφιότητα για δήμαρχος της Νίκαιας το 2008 και σε επόμενες εκλογές έχει συμμετέχει για άλλες θέσεις. Επιπρόσθετα τώρα ηγείται του Les Identitaires, του think-tank του γαλλικού κινήματος.

ёΕΚΔΟΤΙΚΟ ΣΗΜΕΙΩΜΑ

Αυτό το βιβλίο κάνει συχνή χρήση του όρου "γενιά του '68", το οποίο είναι μία συνήθης ορολογία στην δυτική Ευρώπη, αλλά όχι στον υπόλοιπο κόσμο. Αναφέρεται στην γενιά που ωρίμασε περίπου το '68 και η οποία είναι υπεύθυνη για πολλές από τις επηρεασμένες από τον μαρξισμό πολιτικές και κοινωνικές αναταραχές που έλαβαν χώρα εκείνη την εποχή, και κυρίως για τις μαζικές απεργίες στην Γαλλία εκείνη την χρονιά.

Μία ομάδα φοιτητών και συμπαθόντων κατέλαβε το κτήριο της διαχείρισης στο Πανεπιστήμιο του Nanterre στο Παρίσι, τον Μάρτιο εκείνου του έτους, προκειμένου να διαμαρτυρηθεί γι' αυτό που αντιλαμβάνονταν ως ταξική διάκριση στην Γαλλική κοινωνία, κάτι που είχε ως αποτέλεσμα η διοίκηση του πανεπιστημίου να καλέσει την αστυνομία για να εκκενώσει το κτήριο. Οι διαμαρτυρίες συνεχίστηκαν εκεί για τους επόμενους δύο μήνες και μέχρι τον Μάιο, μεγάλωσαν τόσο ώστε να συμπεριλάβουν πολλές άλλες σχολές και ομάδες, φέρνοντας την μεγαλύτερη γενική απεργία στην ιστορία με αποτέλεσμα το "κλείσιμο" της χώρας που προκάλεσε σχεδόν την κατάρρευση της κυβέρνησης.

Ενώ παρόμοιες διαμαρτυρίες έλαβαν χώρα σε πολλά έθνη εκείνη την εποχή, η Γαλλική απεργία ήταν μακράν η μεγαλύτερη και πιο αποτελεσματική. Παρόλο που οι διαμαρτυρίες του 1968 δεν πέτυχαν τον στόχο τους, το να προκαλέσουν δηλαδή μια επανάσταση, παρόλα αυτά σημάδεψαν το ξεκίνημα μιας εποχής φιλελεύθερων πολιτικών μεταρρυθμίσεων σε αυτά τα έθνη.

Αυτές οι μεταρρυθμίσεις και οι συνέπειές τους, συνέχισαν να κυριαρχούν στο πολιτικό και πολιτιστικό σκηνικό της Δυτικής Ευρώπης από τότε και έχουν ονομαστεί ως "τα νέα κοινωνικά κινήματα". Πολλοί από τους διαμαρτυρόμενους φοιτητές του 1968, συνέχισαν την ζωή τους για να αναλάβουν κυρίαρχους ρόλους στην πολιτική, την ακαδημαϊκή κοινότητα και τον πολιτισμό τα επόμενα χρόνια και κατάφεραν να χρησιμοποιήσουν τις θέσεις εξουσίας τους για να υποβοηθήσουν περαιτέρω την ενσωμάτωση των ιδανικών του ριζοσπαστισμού της νεότητάς τους στο κυρίαρχο πολιτικό σκηνικό. Ο όρος "γενιά του '68" είναι ως εκ τούτου παρόμοιος με τον όρο "baby boomers" που χρησιμοποιείται στις ΗΠΑ για να αναφερθεί σε αυτούς τους Αμερικανούς που γεννήθηκαν στην γενιά μετά τον Δεύτερο Παγκόσμιο Πόλεμο, πολλοί εκ των οποίων έγιναν χίπις, ακτιβιστές κατά του πολέμου και άλλου είδους -θα ήθελαν να είναι — επαναστάτες κατά την διάρκεια της δεκαετίας του '60, και που κάποιοι από αυτούς συνέχισαν για να γίνουν σταυροφόροι για τους φιλελεύθερους στόχους στις μετέπειτα καριέρες τους.

Αυτό το βιβλίο, όπως είναι φανερό από τον τίτλο, επίσης κάνει συχνή χρήση του όρου "ταυτότητα" και "κίνημα της ταυτότητας". Ο συγγραφέας της Γαλλικής "Νέας Δεξιάς" Guillame Faye, στο βιβλίο του Why we Fight: Manifesto of the European Resistance προσδιορίζει την "ταυτότητα" με αυτό τον τρόπο: Η ταυτότητα ενός λαού είναι αυτό που τον κάνει μη-συγκρίσιμο και αναντικατάστατο". Συνεχίζει αναπτύσσοντας:

Χαρακτηριστικό της ανθρωπότητας είναι η πολλαπλότητα και μοναδικότητα των πολλών της λαών και πολιτισμών. Κάθε μορφή ομογενοποίησής τους είναι συνώνυμη με τον θάνατο, όπως επίσης και με την σκλήρωση και την εντροπία. Η παγκοσμιοποίηση πάντα επιζητεί να περιθωριοποιήσει την ταυτότητα στο όνομα ενός μόνου, μοναδικού ανθρωπολογικού μοντέλου. Αλλά οι εθνικές και πολιτιστικές ταυτότητες δημιουργούν ένα μπλόκ [...] Κοιτάξτε: η βάση της ταυτότητας είναι βιολογική. Δίχως αυτή, οι χώροι του πολιτισμού και της κουλτούρας είναι μη διατηρήσιμοι. Για να το πούμε διαφορετικά: Η ταυτότητα ενός λαού, η μνήμη και τα εγχειρήματά του προέρχονται από μία συγκεκριμένη κληρονομική προδιάθεση. [...] Η ταυτότητα δεν είναι ποτέ καθηλωμένη ή κατεψυγμένη. Παραμένει η ίδια συνεχώς σε στάδιο αλλαγής, συμφιλιώνοντας το είναι με το γίνεσθαι. Η ταυτότητα είναι δυναμική, ποτέ στατική ή πλήρως συντηρητική. Η ταυτότητα θα έπρεπε να γίνει αντιληπτή ως η βάση ενός κινήματος που διαρκεί διαμέσου της ιστορίας, η συνέχεια ενός λαού. Διαλεκτικές έννοιες που που διασυνδέουν την ταυτότητα με την συνέχεια επιτρέπουν σε έναν λαό να είναι ο παραγωγός της ιστορίας τους. (Από το *Why We Fight* [london: Arktos 2011] σελ. 171-173.

Τα άτομα και οι ομάδες που εμπνεύστηκαν από αυτή την έννοια της ταυτότητας σε ολόκληρη την Ευρώπη αναφέρονται συχνά ως "κίνημα της Ταυτότητας".

— John Morgan, 5 Απριλίου 2013

ΕΙΣΑΓΩΓΗ

Η Ευρώπη είναι σε βαθιά κρίση. Αυτή η κρίση ζυγίζει βαρύτερα από τον διαχωρισμό της Ευρώπης από το Σιδηρούν Παραπέτασμα, ή την καταστροφή της Ηπείρου μας κατά την διάρκεια των δύο Παγκοσμίων Πολέμων. Αυτή η κρίση είναι θεμελιωδώς διαφορετική από τις άλλες τις οποίες βιώσαμε. Είναι μια κρίση του Ευρωπαϊκού Πνεύματος. Μετά την εθνικοσοσιαλιστική κυριαρχία, η Ήπειρός μας αρρώστησε και έχασε την θέλησή της για ζωή. Η επόμενη γενιά, η γενιά του '67, μίσησε και καταδίκασε όλα όσα τους είχαν δοθεί: Κάθε παράδοση, κάθε πίστη στο είδος τους, κάθε θέληση προς μία αυθεντική ταυτότητα.

Αυτή η πίστη ότι το είδος κάποιου δεν αξίζει τίποτε — ότι οι πολιτισμοί, οι λαοί και οι οικογένειες δεν αξίζουν τίποτε και χρειάζεται να ξεριζωθούν — απειλεί να τερματίσει την ύπαρξη της Ευρώπης ως μίας Ηπείρου για τους Ευρωπαίου. Οι λαοί της Ευρώπης έχουν χάσει την θέλησή τους να ζουν. Πεθαίνουν, επειδή δεν θέλουν να ευημερήσουν πια, γιατί δεν θέλουν να έχουν άλλα παιδιά και γιατί έχουν ξεχάσει τι σημαίνει να στέκεσαι και να πολεμάς για αυτό που είναι δικό σου.

Η ιδεολογία της γενιάς του '68 έχει μολύνει την Ευρώπη. Είναι μια αρρώστια που θα μας σκοτώσει εάν δεν βρούμε την θεραπεία. Ακόμη και εάν έχουμε χάσει την θέλησή μας για δύναμη, οι γείτονές μας δεν το έχουν κάνει και ήδη διαπερνούν τα σύνορά μας και καταλαμβάνουν τα μέρη που με ελευθερία τους παραδίδουμε.

Η ιδεολογία της γενιάς του '68 έχει πάρει διαζύγιο από την πραγματικότητα και δεν μπορεί να αντέξει μακροπρόθεσμα. Θα περάσει με τον καιρό. Είτε εμείς οι Ευρωπαίοι θα συνέλθουμε και θα απελευθερωθούμε από αυτήν ή θα τραβήξει την Ευρώπη στην άβυσσο και θα εξαφανιστούμε μαζί με αυτή.

*

Ποτέ πριν στην ανθρώπινη ιστορία δεν έχουν ξένοι λαοί εισβάλλει σε τέτοιο βαθμό σε μία κατοικημένη περιοχή χωρίς να αντιμετωπίσουν κανενός είδους αντίσταση από τους ιθαγενείς κατοίκους της. Το ότι η Ευρώπη πλησιάζει το τέλος της μετά από χιλιάδες χρόνια μιας περήφανης ιστορίας δεν οφείλεται στην δύναμη των εισβολέων, αλλά μάλλον στην έλλειψη θέλησης εκ μέρους μας να πολεμήσουμε για την ίδια μας την επιβίωση.

Η γενιά του '68 έκανε το να επιβεβαιώνουμε την ταυτότητά μας κάτι κακό. Το συσχέτισαν με πόλεμο, καταστροφή, μαζικές δολοφονίες και βία.

Μας έκαναν τόσο γεμάτους αμφιβολίες για την ίδια την αξία μας, που δεν τολμούμε να υπερασπιστούμε τους εαυτούς μας. Με σιωπή υπομένουμε όλα όσα άλλοι κάνουν σε εμάς.

Φοβόμαστε τόσο πολύ να χαρακτηριστούμε "ρατσιστές" που δίχως όρους αποδεχόμαστε τον αντι-ευρωπαϊκό ρατσισμό.

Όταν η γενιά του '68 πήρε την εξουσία στην Ευρώπη, δεν επέτρεψε απλά την μαζική μετανάστευση ξένων λαών στην Ευρώπη. Ενεργητικά προώθησαν αυτή την εξέλιξη. Το αποκάλεσαν πολυπολιτισμό.

Εμείς οι νέοι Ευρωπαίοι μεγαλώσαμε σε μία Ήπειρο που δεν μας ανήκει πια. Έχουμε γνωρίσει μόνο έναν καταρρέοντα πολιτισμό, και τους λαούς μας στο τέλος των ζωών μας. Έπρεπε να ανεχθούμε τις απόπειρες των γονέων και των παππούδων μας να μας ξεριζώσουν και να μας μετατρέψουν σε "άτομα" χωρίς καμία ταυτότητα. Θέλουν από εμάς να χαρούμε με μία Ευρώπη που καταρρέει, να δεχθούμε και να υποταχθούμε στην ήττα της. Αλλά δεν θα το κάνουμε. Επαναστατούμε.

*

Ένα νέο πολιτικό ρεύμα συνεπαίρνει την Ευρώπη. Έχει έναν σκοπό, ένα σύμβολο και μία σκέψη: Ταυτότητα.

Είναι το ρεύμα της εποχής μας. Αντιπροσωπεύει τα νιάτα της Ευρώπης. Την νεολαία που θέλει ένα πράγμα που η ιδεολογία της γενιάς του '68 δεν μπορεί να της δώσει: Ένα μέλλον.

Ξεκινώντας από την Γαλλία, αυτή την υπερήφανη και ευγενή χώρα, αυτό το νέο ρεύμα παρασύρει αμέτρητους Ευρωπαίους μαζί του. Παίρνει μορφή και κηρύσσει το τέλος της γενιάς του '68, μια νέα εποχή, την εποχή μιας νέας γενιάς: Της γενιάς της Ταυτότητας.

Η γενιά μας ανασηκώνεται για να εκθρονίσει την γενιά του '67. Αυτό το βιβλίο δεν είναι απλά ένα μανιφέστο. Είναι μια διακήρυξη πολέμου. Μία διακήρυξη πολέμου ενάντια σε όλα όσα κάνουν την Ευρώπη άρρωστη και την οδηγούν στην καταστροφή, κατά της ψεύτικης ιδεολογίας της γενιάς του '68. Είμαστε εμείς που κηρύττουμε πόλεμο σε εσάς.

1. Η ΓΕΝΙΑ ΤΗΣ ΤΑΥΤΟΤΗΤΑΣ

Θέλετε να μάθετε ποίοι είμαστε; Από πού ερχόμαστε; Τι μας κινεί; Θα σας πούμε:
Είμαστε οι καιροί που αλλάζουν! Ο άνεμος που σηκώνεται. Η νέα γενιά.
Είμαστε η απάντηση σε εσάς, γιατί είμαστε τα παιδιά σας.
Μας ρίξατε σε αυτό τον κόσμο, ξεριζωμένους και αποπροσανατολισμένους, χωρίς να μας πείτε που να πάμε ή που βρίσκεται το μονοπάτι μας. Καταστρέψατε κάθε τρόπο για να προσανατολιστούμε.
Έχετε μετατρέψει την Εκκλησία σε συντρίμμια, έτσι ώστε τώρα μόνο κάποιοι λίγοι από εμάς να βρούμε καταφύγιο στα ερείπια αυτής της κοινότητας.
Έχετε υποτιμήσει την πολιτεία, έτσι ώστε κανείς από εμάς δεν θέλει να την υπηρετήσει πια.
Χωρίσατε την οικογένεια. Το εσωτερικό μας ειδύλλιο βυθίστηκε στο διαζύγιο, την σύγκρουση και την βία
Υποβάλλατε την αγάπη σε μία απομειωτική αποδόμηση, έτσι ώστε αντί ενός βαθύ δεσμού, έχει απομείνει μόνο το ζωώδες ένστικτο
Καταστρέψατε την οικονομία έτσι ώστε να κληρονομήσουμε βουνά χρέους!
Αμφιβάλλατε και κριτικάρατε τα πάντα, έτσι ώστε τώρα να μην πιστεύουμε σε τίποτε και σε κανέναν.
Δεν μας αφήσατε καμία αξία και παρόλα αυτά τώρα μας κατηγορείτε ως ανήθικους. Αλλά δεν είμαστε.
Είμαστε οι κληρονόμοι αυτής της ουτοπίας και η πραγματικότητά μας μοιάζει πολύ διαφορετική.
Αγοράσατε την ειρήνη σας μέσω του συνεχώς αυξανόμενου χρέους.
Σήμερα παρακολουθούμε την ευημερία σας να εξαφανίζεται σε όλη την Ευρώπη.

Για εμάς η πολυπολιτισμική κοινωνία σας δεν σημαίνει τίποτε παρά μίσος και βία.

Στο όνομα της "ανοχής" σας, κυνηγάτε όλους αυτούς που σας επικρίνουν και αποκαλείτε αυτούς που κυνηγάτε μη-ανεκτικούς.

Αρκετά ως εδώ.

Οι ουτοπίες σας έχασαν κάθε νομιμοποίηση για εμάς.

Συνειδητοποιήστε επιτέλους ότι δεν ζούμε σε έναν ενοποιημένο κόσμο ή ένα παγκόσμιο χωριό. Οι πόλεμοι, οι φτωχοί και οι καταπιεσμένοι θα είναι πάντα μαζί μας. Αυτός ο κόσμος ποτέ δεν θα είναι ο παράδεισος στη γη.

Οι παραισθήσεις σας κατάφεραν ένα μόνο πράγμα. Ξεριζώσατε τα παιδιά σας. Είμαστε οι χαμένοι, οι άστεγοι.

"Ποίοι είμαστε" ρωτάμε τους εαυτούς μας. Πού πάμε; Έχουμε δει πίσω από τις απαντήσεις σας και έχουμε καταλάβει ότι είναι ψέμματα.

Δεν είμαστε "ανθρωπότητα" και δεν θέλουμε τον παράδεισο σας.

Έτσι βρίσκουμε τις δικές μας απαντήσεις σε αυτές τις ερωτήσεις. Γυρνάμε σε αυτό που έχετε δαιμονοποιήσει. Στους εαυτούς μας.

Ψάχνουμε για την ταυτότητά μας και την βρίσκουμε κάτω από τα συντρίμμια της καταστρεπτικής σας οργής. Πρέπει να σκάψουμε βαθιά για να βρούμε ξανά τους εαυτούς μας.

Η ιστορία μας, η πατρίδα μας και ο πολιτισμός μας, μας δίνουν αυτό που μας πήρατε.

Δεν θέλουμε να είμαστε πολίτες του κόσμου. Είμαστε πιο χαρούμενοι με τις χώρες μας.

Δεν θέλουμε το τέλος της ιστορίας, γιατί η ιστορία μας δεν μας δίνει λόγο να παραπονεθούμε.

Δεν θέλουμε μια πολυπολιτισμική κοινωνία, όπου ο δικός μας πολιτισμός αφήνεται να καεί στο καζάνι.

Είμαστε λιγότερο απαιτητικοί από εσάς, αλλά θέλουμε τόσο πολλά περισσότερα.

Ενώ κυνηγούσατε ουτοπίες ολόκληρη την ζωή σας, εμείς θέλουμε πραγματικές αξίες.

Αυτό που απαιτούμε πραγματικά υπάρχει. Το να το κατέχουμε είναι το πατρογονικό μας δικαίωμα. Δεν επιθυμούμε τίποτε άλλο παρά την κληρονομιά μας και δεν θα ανεχθούμε να το παρακρατείτε περισσότερο.

Είμαστε η απάντηση σε εσάς, και η αποτυχία της ουτοπίας σας. Γιατί είμαστε η γενιά της ταυτότητας.

2. ΓΙΑ ΤΗΝ ΜΟΝΑΞΙΑ

Είμαστε ένας μεγάλος γρίφος για εσάς. Ένα ακατανόητο φαινόμενο. Οι λέξεις και οι πράξεις μας αντικρούουν όλες τις θεωρίες και τους ισχυρισμούς σας.

Ζούμε στον κόσμο που ονειρευτήκατε, παρόλα αυτά αυτός ο κόσμος μας αηδιάζει.

Χάρις σε εσάς, μπορούσαμε να εξελιχθούμε ελεύθεροι από όλες τις κοινωνικές υποχρεώσεις και αξίες. Χάρις σε εσάς προχωρούμε χαμένοι και μοναχοί διαμέσου της ζωής.

Καταστρέψατε όλα όσα θα μπορούσαν να μας προσφέρουν ταυτότητα και καταφύγιο και παρόλα αυτά σοκάρεστε που είμαστε δυστυχισμένοι.

Γιατί βαθιά μέσα μας βρίσκεται ένα συνεχές αίσθημα του ότι είμαστε μόνοι μας, του ότι είμαστε χαμένοι. Κάνουμε τα πάντα για να μουδιάσουμε αυτό το αίσθημα.

Κάνουμε τα πιο άγρια πάρτυ και συναντιόμαστε σε λαμπυρίζοντα εμπορικά κέντρα. Χορεύουμε όλο το βράδυ, παίρνουμε ναρκωτικά ή κρυβόμαστε πίσω από τους υπολογιστές μας. Κάθε μέσο είναι δικαιολογημένο προκειμένου να ξεπεράσουμε αυτή την μοναξιά, αλλά είμαστε πάντα μόνοι στο τέλος.

Μας μάθατε ότι μπορούμε να αγοράσουμε το ό,τιδήποτε. Αλλά που μπορούμε να βρούμε κάτι για την μοναξιά;

Όχι ότι δεν προσπαθήσαμε. Με ονόματα από μάρκες και τις τελευταίες μόδες στον ρουχισμό, θέλουμε να ανήκουμε σε μια συγκεκριμένη ομάδα. Ίσως σας φαίνεται αστείο, αλλά για εμάς, αυτό είναι ένα από τις τελευταίες εναπομείνασες πιθανότητες να βρούμε κάπως ένα μέρος στο οποίο να ανήκουμε.

Μερικές φορές καταφέρνουμε να πείσουμε τους εαυτούς μας, μέσα στην απελπισία μας, ότι είμαστε απόλυτα μοναδικοί, ότι δεν χρειάζεται να ανήκουμε σε τίποτε. Με αυτόν τον τρόπο δίνουμε στον εαυτό μας δύναμη, όταν η μοναξιά μας καταβάλλει.

Ακόμη και εάν, μία ημέρα, γίνουμε μέρος μιας ομάδας, γιατί ο εσωτερικός μας εαυτός ζητά την ταυτότητα και την αίσθηση του ανήκειν, ακόμη δεν μπορούμε να το χαρούμε. Πάντα ακούμε τις γκρινιάρικες φωνές σας στο κεφάλι μας, να μας προειδοποιούν για τους κινδύνους της πίεσης των ομοτίμων μας και το χάσιμο της ατομικοτητάς μας. Αυτή η εσωτερική σύγκρουση μας βυθίζει σε ακόμη βαθύτερη απελπισία.

*

Ο σκοτεινός σύντροφος της μοναχικότητας είναι η βαρεμάρα. Είναι η βαρεμάρα που πρώτα αποκαλύπτει το πόσο μόνοι είμαστε. Δεν θέλουμε ποτέ να βαρεθούμε, επειδή τότε δεν θα μπορούμε να πούμε πια ψέμματα στον εαυτό μας.

Παρόλα αυτά η βαρεμάρα είναι ο συνεχής σύντροφός μας. Μας αγκαλιάζει όπως ένα σκοτεινό σύννεφο και κάνει αισθητή την παρουσία της όποτε για λίγο σταματάμε το αγωνιώδες ψάξιμό μας.

Και γι' αυτό προσπαθούμε να μουδιάσουμε την βαρεμάρα και την μοναξιά μας, με μέσα που γίνονται όλο και πιο άγρια και πιο επικίνδυνα. Αλλά καμία τεχνητή ευφορία δεν κρατά τόσο για να μας φέρει ειρήνη. Καμία ευχαρίστηση δεν μας οδηγεί σε τίποτε παρά στην απέλπιδα κατάρρευση.

Έτσι διασχίζουμε την ζωή, μισο-χαμένοι και μισο-μαστουρωμένοι. Γιατί είμαστε η γενιά της ταυτότητας.

3. ΓΙΑ ΤΗΝ ΘΡΗΣΚΕΙΑ

Τι είναι η θρησκεία; Τι σημαίνει η Εκκλησία για εμάς; "Δεν υπάρχει Θεός" — αυτή ήταν η πίστη σας. Παρόλα αυτά, αυτός ο ισχυρισμός είναι πολύ ριζοσπαστικός για εμάς. Μερικές φορές πιστεύουμε σε κάτι, μερικές φορές σε τίποτε. Λίγο στον Θεό, λίγο στην βιολογία, λίγο από όλα, και λίγο σε τίποτε. Αυτή είναι η πίστη μας. Δεν την διατυπώνουμε και δεν την διακηρύσσουμε, καθώς έχετε διαστρέψει το επάγγελμα της πίστης σε κάτι μισητό. Όταν σκεφτόμαστε την Εκκλησία, τίποτε παρά μισαλλοδοξία και οπισθοδρομικότητα δεν μας έρχεται στο μυαλό. Δεν είμαστε άθεοι. Πιστεύουμε σε κάτι. Παρόλα αυτά, αυτή η πίστη δεν μας δίνει καμία αίσθηση του ανήκειν ή της κοινότητας. Κλείσατε τα ανοιχτά χέρια της Εκκλησίας για εμάς, μια για πάντα.

*

Ο Θρησκευτικός φανατισμός σε όλες του τις μορφές μας είναι ακατανόητος, και συχνά μας φαίνεται πρωτόγονος και ηλίθιος. Παρόλα αυτά, οι βαθιά θρησκευόμενοι άνθρωποι και πολιτισμοί μας συναρπάζουν, γιατί ξέρουμε ότι έχουν κάτι που μας λείπει: ένα βαθύ, εσωτερικό συναίσθημα ότι είναι στεγασμένοι και προστατευμένοι. Μία διαυγή βεβαιότητα σε ζητήματα του σωστού και του λάθους.

Μπορούμε μόνον να φανταστούμε πώς θα είναι το να μην μαστίζεσαι από την συνεχή αυτό-αμφιβολία. Ποτέ δεν θα νοιώσουμε κατ' αυτόν τον τρόπο γιατί η θρησκεία έχει γίνει αδιανόητη. Δεν μπορούμε να υπακούσουμε σε δόγματα και ως εκ τούτου νοιώθουμε τους εαυτούς μας ταυτόχρονα ανώτερους και κατώτερους από τους φανατικούς.

Κάθε ξεκάθαρος όρκος, κάθε ξεκάθαρη δήλωση πίστης μας φαίνεται τρελή και στενόμυαλη. Όποτε κάποιος φαίνεται αποφασισμένος να υπερασπιστεί την πίστη του, υποψιαζόμαστε φανατισμό και μισαλλοδοξία.

Αλλά ακόμη και το τίποτε το ίδιο, δεν μας κάνει αίσθηση. Πώς μπορούν οι άθεοι να γνωρίζουν το ότι δεν υπάρχει Θεός. Υπ' αυτή την έννοια πιστεύουμε σε μία απροσδιόριστη ανώτερη δύναμη που μπορεί ή μπορεί να μην υπάρχει.

*

Η πίστη μας είναι άχρηστη, γιατί δεν τολμάμε να την πάρουμε σοβαρά. Ο φόβος μας του να φανούμε φανατικοί είναι πολύ μεγάλος. "Δεν ξέρω" είναι το σλόγκαν μας, και με αυτές τις λέξεις βυθίζουμε τους εαυτούς μας στην μιζέρια.

Δεν μπορούμε να κάνουμε τους εαυτούς μας να πιστέψουμε πια, και ως εκ τούτου μας λείπει κάθε είδους προσανατολισμός. Έτσι προχωράμε στην ζωή χωρίς να είμαστε σίγουροι για ο,τιδήποτε, επειδή δεν θέλουμε να είμαστε σίγουροι για ο,τιδήποτε.

Γιατί είμαστε η γενιά της ταυτότητας.

4. ΓΙΑ ΤΗΝ ΠΟΛΙΤΙΚΗ

Μερικές φορές ακούμε ότι υπήρχαν κάποτε άνθρωποι που έβλεπαν ως την υψηλότερη τιμή το να αφιερώσουν τις ζωές τους στην υπηρεσία της Πολιτείας.

Δεν μπορούμε να καταλάβουμε ή να σχετιστούμε με αυτό, καθώς μας έχετε κάνει να απεχθανόμαστε την Πολιτεία, σαπισμένη καθώς είναι από το εσωτερικό της. Την δαιμονοποιήσατε ως ένα όργανο καταπίεσης. Θέλατε να καταργήσετε την Πολιτεία με κάθε μέσο. Αλλά αποτύχατε. Ενώ όλοι σας πολεμούσατε την Πολιτεία, οι πιο κοινοί και πιο άπληστοι ανάμεσά σας, κέρδισαν τον έλεγχό της και μετατράπηκαν σε αυτό που σήμερα θεωρείται πολιτικός.

Οι υπόλοιποι από εσάς στραφήκατε μακρυά από την κυβερνητική υπηρεσία, και ως εκ τούτου αφήσατε την πολιτική στους πιο αποκρουστικούς εκπροσώπους της γενιάς σας. Και έτσι η κυβέρνηση δεν έγινε τίποτε άλλο παρά μία ευκαιρία για να βγάλουν κάποιοι χρήματα για τον εαυτό τους και τους φίλους τους.

Φέρουμε τις συνέπειες της αποτυχίας σας. Πληρώνουμε το κόστος του γεγονότος ότι ήσασταν "πολύ καλοί" για να ασχοληθείτε με την πολιτική.

Δεν μισούμε την Πολιτεία, την απεχθανόμαστε. Αλλά να την καταργήσουμε; Αυτό ποτέ δεν θα μας ερχόταν στο μυαλό.

Είμαστε πραγματιστές. Γνωρίζουμε ότι η Πολιτεία είναι ένα απαραίτητο κακό.

Είμαστε απαισιόδοξοι. Δεν περιμένουμε τίποτε άλλο, παρά ψέμματα από τους πολιτικούς.

*

Πήγατε να ψηφίσετε γεμάτοι ενθουσιασμό, περήφανοι από το δικαίωμά σας να πείτε την γνώμη σας. Εμείς μπορούμε μόνο να γελάσουμε με την αθωότητά σας.

Κανείς από εμάς δεν πιστεύει σήμερα ότι μπορεί να αλλάξει κάτι με την ψήφο του. Ψηφίζουμε μόνον αν δεν υπάρχει τίποτε καλό στην τηλεόραση. Οι πολιτικοί όλων των κομμάτων είναι ίδιοι για εμάς. Όλοι λένε το ίδιο πράγμα, εξάλλου. Μας υποσχέθηκαν το φεγγάρι. Ανεργία, φτώχεια, εγκληματικότητα και όλα τα κακά θα εξαφανιζόντουσαν, εάν απλά θα τους ψηφίζαμε. Μόνον που όταν κέρδιζαν, οι λέξεις τους πάντα αποδεικνύονταν ότι δεν ήταν τίποτε άλλο παρά άδειες υποσχέσεις. Έτσι σταματήσαμε να ψηφίζουμε. Για όσο καιρό μπορούμε να θυμηθούμε, δεν μας ενδιέφερε ποια κόμματα προσπαθούσαν να μας εκμεταλλευτούν. Οι πολιτικοί είναι, για όλους μας, οι ίδιες γραβάτες χωρίς την παραμικρή κατανόηση των προβλημάτων και των ανησυχιών της γενιάς μας.

*

Μας κυβερνάτε και λειτουργείτε το πολιτικό σύστημα μόνον για τους εαυτούς σας. Δεν νοιάζεστε για την νεολαία. Και έτσι δεν νοιαζόμαστε για εσάς. Αφήστε μας μόνους μας και μην μπείτε στον κόπο να παραστήσετε τους φίλους μας. Βλέπουμε μέσα από τις χαμογελαστές μάσκες των δημοσίων σχέσεών σας, με την πρώτη ματιά.

Δεν θέλουμε καμία σχέση με εσάς και τα παθητικά σας σχέδια, και εσείς οι ίδιοι είστε ο λόγος γι' αυτό. Η πολιτική σας μας αηδιάζει. Το σούρσιμό σας για εξουσία και επιρροή μας απωθεί. Μας απωθείτε.

Γιατί είμαστε η γενιά της ταυτότητας.

5. ΓΙΑ ΤΗΝ ΕΙΔΥΛΛΙΑΚΗ ΟΙΚΟΓΕΝΙΑΚΗ ΖΩΗ

Σε αμέτρητες τηλεοπτικές σειρές μας υποχρεώνετε να παρακολουθούμε τις ζωές συνθετικά τέλειων οικογενειών. Είμαστε πεινασμένοι για τέτοιες εικόνες, καθώς είναι το ακριβώς αντίθετο της πραγματικότητας που φέρατε σε ύπαρξη.

Στην πρωτοφανή σας αλαζονεία, ισχυρισθήκατε ότι η οικογένεια δεν ήταν πλέον απαραίτητη. Ο πατέρας, η μητέρα και το παιδί, είναι υποτιθέμενα ένα ξεπερασμένο μοντέλο. Πηδήξατε χαρούμενοι προς το να ποδοπατήσετε την οικογένεια.

Αυτό που θα έπρεπε να είναι το μέρος καταφυγίου και η πηγή έμπνευσής μας έγινε η σκηνή για αμέτρητα επιχειρήματα και καυγάδες.

Το ιδανικό σας ήταν το να απολαύσετε την επιτυχία και την καλή ζωή. Και έτσι χαρήκατε την ζωή. Αλλά ποιος πρόσεχε τα παιδιά σας;

Ήσασταν εγωιστές και πήρατε διαζύγιο χίλιες φορές, χωρίς να σκεφτείτε ποτέ, για το τι θα σήμαινε αυτό για εμάς.

Θέλατε μια καριέρα και να βγάλετε λεφτά. Έτσι μετακομίσατε όπου υπήρχαν οι καλύτερες δουλειές και δεν δώσατε ούτε μία σκέψη για την δική μας ευημερία και σταθερότητα.

Μας αφήσατε να καθόμαστε μόνοι μπροστά στην τηλεόραση, όπου η τέλεια ζωή μας παρουσιαζόταν κάθε μέρα. Γεμάτοι οργή, συγκρίναμε την λυπηρή μας πραγματικότητα με τους φαντασιακούς κόσμους όπου βυθίσαμε τους εαυτούς μας.

*

Μία διαρκής, βαθιά δυσαρέσκεια βρίσκεται θαμμένη μέσα μας, καθώς ξέρουμε στην καρδιά μας ότι έχουμε προδοθεί και ξεγελαστεί από αυτό το οποίο είναι το πιο σημαντικό. Δεν μπορούμε να αρθρώσουμε αυτή την δυσαρέσκεια, αλλά ξεσπάμε πάνω σας.

Συχνά μας κατηγορείτε ότι δρούμε παράλογα — μια δικαιολογημένη κατηγορία, καθώς δεν δρούμε λογικά, σκεπτικά ή αιτιατά.

Είμαστε η γενιά της καρδιάς και του αισθήματος, και οι πράξεις μας δεν καθορίζονται από τίποτε άλλο παρά από μία βαθιά ανάγκη για το καταφύγιο που έπρεπε να μας είχατε δώσει.

Τα ιδανικά της τηλεόρασης έγιναν δικά μας ιδανικά. Τα κάναμε δικά μας και όλοι μας ονειρευόμαστε μια υπέροχη οικογένεια. Αυτό είναι που πετάξατε ως παλιο-μοδίτικο και άσκοπο. Δεν θέλουμε τίποτε άλλο.

Κανείς δεν μας έδειξε πώς να χτίσουμε μία οικογένεια, ή δεν μας είπε πώς να μείνουμε μαζί ή να επιλύσουμε μία σύγκρουση. Αποτύχαμε χίλιες φορές προσπαθώντας να πραγματοποιήσουμε το ιδανικό μας.

Από τότε που ισοπεδώσατε την οικονομία, πρέπει να είμαστε "ελαστικοί" και να κοιτάζουμε για δουλειά οπουδήποτε την βρούμε. Μας εμποδίζει από το να κάνουμε πραγματικότητα το όνειρό μας ένα εκατομμύριο φορές.

Για να πληρώσουμε για τις συντάξεις μας, θα πρέπει να δουλέψουμε περισσότερο από όλες τις γενιές πριν από εμάς. Γνωρίζουμε τώρα ότι θα μας ληστέψετε και την μελλοντική μας ευζωία, μετά από όλα τα άλλα.

Τρέχετε σε όλο τον πλανήτη για να κάνετε ενέσεις ζωής στην θνήσκουσα οικονομία σας και καθυστερείτε την αποπληρωμή των χρεών σας για να συνεχίσετε να παίρνετε τις δικές σας συντάξεις.

Παρόλα αυτά το όνειρό μας παραμείνει μία χαρούμενη οικογένεια και ένα μέλλον. Όσα πολλά εμπόδια και εάν βάλετε στον δρόμο μας, δεν θα παρατήσουμε αυτό το όνειρο.

Γιατί είμαστε η γενιά της Ταυτότητας.

6. ΓΙΑ ΤΑ ΦΥΛΑ

Από όλες τις μάχες που δώσατε, η μάχη σας ενάντια στα φύλα ήταν η πιο κατακριτέα.

Αντί για την αρμονική ένωση ανδρών και γυναικών, προωθήσατε συμμαχίες ομοφυλόφιλων και τραβεστί, την ένωση του τίποτε.

Πήρατε την ανδρεία από τους άνδρες. Τους μεγαλώσατε να είναι αδύναμα λούτρινα αρκουδάκια, δίχως την δύναμη να δράσουν, χωρίς κουράγιο, χωρίς δύναμη — με λίγα λόγια την θέληση για δύναμη.

Πείσατε τις γυναίκες ότι η θηλυκότητα είναι ξεπερασμένη και κοινωνικά κατασκευασμένη. Τους είπατε ότι δεν είναι απαραίτητο να μοιάζουν όμορφες και γεμάτες υγεία, ότι δεν είναι απαραίτητο να έχουν οικογένειες και παιδιά και ότι μόνο οι καριέρες τους έχουν σημασία.

Και έτσι συναντήθηκαν οι θηλυπρεπείς άνδρες και οι ανδροπρεπείς γυναίκες και δεν ήξεραν τι να κάνουν.

Δεν θα επαναλάβουμε τα λάθη σας. Κουνάμε το κεφάλι μας στις βλακώδεις θεωρίες σας και θέλουμε να είμαστε αρρενωποί άνδρες και θηλυκές γυναίκες. Ίσως φαίνεται παλιομοδίτικο και ξεπερασμένο σε εσάς, αλλά μας αρέσει κατ' αυτό τον τρόπο.

Οι γυναίκες θέλουν να κατακτηθούν. Η λαχτάρα για τον έναν που μπορεί να την κερδίσει και να την κάνει δική του, βρίσκεται βαθιά μέσα της.

Αντί για ηρωικούς ιππότες, τους στείλατε "καλούς φίλους" και αδύναμους δειλούς.

Οι άνδρες θέλουν να κερδίσουν μία γυναίκα που αξίζει την προσπάθεια και τις δοκιμασίες που πρέπει να υπομείνουν, για την οποία θα πηδήξουν μέσα από την φωτιά και για την οποία η μάχη με τον δράκο θα αξίζει.

Σήμερα, αντί για την όμορφη πριγκίπισσα, μόνο μια ξυνομούρα φεμινίστρια ή κάποια άλλη διαστροφή περιμένει τον ήρωα στο τέλος.

Έχουμε αναγνωρίσει την πραγματική φύση των φύλων και θέλουμε να ζούμε σε αρμονία με αυτήν. Θέλουμε να είμαστε πραγματικοί άντρες και πραγματικές γυναίκες.

Γιατί είμαστε η γενιά της Ταυτότητας.

7. ΓΙΑ ΤΑ ΑΓΕΝΝΗΤΑ ΠΑΙΔΙΑ

Είναι ώρα να δώσουμε λόγο σε αυτούς που δεν μπορούν να μιλήσουν. Τι θα έλεγαν αυτοί που δεν μπόρεσαν ποτέ να πουν ούτε μια λέξη σε εσάς. Τι νομίζουν, αυτοί που ποτέ δεν είχαν την ευκαιρία να νομίσουν; Ίσως έχετε ήδη μαντέψει για ποιόν μιλώ. Εννοώ τα αγέννητα παιδιά, τα δολοφονημένα και αυτά που δεν ήθελε κανείς. Μιλώ για τα αδέλφια και τις αδελφές που θα έπρεπε να στέκονται στο πλευρό μας. Τα νεκρά μας αδέλφια.

*

Είμαστε η πολύ μικρή γενιά των μόνων παιδιών. Εκεί βρίσκεται η πηγή της μοναξιάς μας. Σφάξατε τα αδέλφια μας.

Διαπράξατε φόνο κατά εκατομμύρια και ευφημίσατε το έγκλημά σας με λέξεις όπως "σεξουαλική απελευθέρωση" και "οικογενειακός προγραμματισμός". Αυτό που αποκαλείται έκτρωση, το αποκαλούμε δολοφονία.

Ο εγωισμός και η αυθάδειά σας δεν γνωρίζει όρια. Πραγματικά πιστέψατε ότι μπορούσατε να ορίσετε τους εαυτούς σας ως τους κριτές της ζωής και του θανάτου.

Έτσι έλεγε ο νόμος σας, και εάν το να έχετε ένα παιδί ήταν μη-βολικό εκείνη την στιγμή, το σκοτώνατε. Με αυτό τον τρόπο κλέψατε από χιλιάδες παιδιά τις ζωές τους, για να διαμορφώσετε πιο ευχάριστα τις δικές σας.

Αλλά τι θα μπορούσε να είναι ένα μεγαλύτερο έγκλημα από τον φόνο των αγέννητων παιδιών.

*

Θρηνούμε για τα νεκρά αδέλφια μας. Μας λείπουν, ακόμη και εάν ποτέ δεν τα συναντήσαμε. Τους φωνάζουμε: "Αδελφές και Αδελφοί!

Αγαπημένα μας, δολοφονημένα αδέλφια! Συγχωρήστε τους δολοφόνους σας, γιατί δεν γνώριζαν τι έκαναν!" Αλλά ξέρουμε τι κάνουμε. Είμαστε αυτοί που επιβιώσαμε το ξεκαθάρισμά σας και πολεμάμε επίσης και για τις ζωές των μελλοντικών παιδιών.

Θα βάλουμε ένα τέλος στις μαζικές σας δολοφονίες.

Γιατί είμαστε η γενιά της Ταυτότητας.

8. ΓΙΑ ΤΗΝ ΟΙΚΟΝΟΜΙΑ

Παρ' όλες τις αποτυχίες σας, θα περίμενε κανείς ότι τουλάχιστον θα είχε υπό έλεγχο την οικονομία. Δεν ήταν η αέναη ανάπτυξη και τα πλούτη αυτά για τα οποία παλεύατε; Δεν θέλατε να επιτύχετε την μεγαλύτερη δυνατή ευημερία; Και παρόλα αυτά διαλύσατε σε κομματάκια την οικονομία. Και μας αφήνετε να προσπαθήσουμε και να βάλουμε αυτό τον σωρό από σκουπίδια πίσω σε μία λειτουργική σειρά.

*

Είσασταν άπληστοι και υπερβολικοί από όλες τις πλευρές. Η πλεονεξία και η απληστία οδηγούσαν τον "οικονομικό σχεδιασμό" σας.

Χαμηλή ανεργία, χαμηλοί φόροι και μέγιστη κοινωνική ασφάλεια -πραγματικά απολαύσατε μια ζωή με υπερβάσεις. Τα μισά από όσα ξοδεύατε τα κερδίζατε τα άλλα μισά τα υπεξαιρούσατε.

Για να διατηρήσετε το επίπεδο της ζωής σας, αυξήσατε τα χρέη σας χρόνο με τον χρόνο.

Καταγράφετε τα αυξανόμενα χρέη, αλλά δεν κάνετε τίποτε, δεν σας ενοχλεί καθόλου.

Φυσικά πάντα παραπονιόσασταν γι' αυτό, αλλά ποτέ δεν πολεμήσατε για να το σταματήσετε.

Αυτό συμβαίνει επειδή δεν είναι πραγματικά δικό σας πρόβλημα. Πάντα ξέρατε ότι κάποιος άλλος θα έπρεπε να πληρώσει τα χρέη σας. Ότι εμείς θα έπρεπε να τα ξεπληρώσουμε.

Αλλά μια μέρα τα χρέη σας μεγάλωσαν τόσο πολύ, που οι τράπεζες δεν σας δάνειζαν άλλα χρήματα. Μετά καλέσατε για "διάσωση", γνωρίζοντας ότι η οικονομία θα κατέρρεε χωρίς νέες ενέσεις χρήματος. Η ανεργία ανέβηκε, αλλά δεν είσασταν εσείς αυτοί που θα πλήρωναν το κόστος. Εμείς είμαστε, η νέα γενιά, που δεν μπορούμε να βρούμε δουλειά. Εμείς είμαστε αυτοί που αναγκάζονται να θυσιάσουν για να πληρώσουν τα βουνά από τα χρέη σας.

*

Μπορούσατε να ολοκληρώσετε τις σπουδές σας, γνωρίζοντας ότι με το δίπλωμα στο χέρι ποτέ δεν θα ψάχνατε δουλειά. Εμείς παίρνουμε δύο πτυχία και θεωρούμε τους εαυτούς μας χαρούμενους εάν μπορούμε να βρούμε μια προσωρινή δουλειά μετά. Ξανά, εμείς πληρώνουμε για τα λάθη σας.

Πιστεύατε στην πρόοδο, ότι ο πλούτος σας θα μπορούσε να μεγαλώνει συνεχώς. Κάθε μέρα εμείς γιορτάζουμε το ότι δεν γινόμαστε πιο φτωχοί.

Οι οικονομίες της Ευρώπης και της Αμερικής καταρρέουν και δεν πιστεύουμε πια ότι θα επανέλθουν. Για εσάς η κρίση είναι η εξαίρεση. Για εμάς είναι ο κανόνας.

Είμαστε άνεργοι, ελάχιστα πληρωμένοι ή δουλεύουμε 60 ώρες την εβδομάδα. Είμαστε τα θύματα της χρεωστικής σας πολιτικής.

Γιατί είμαστε η γενιά της ταυτότητας.

9. ΓΙΑ ΤΗΝ ΚΡΙΤΙΚΗ ΣΚΕΨΗ

Εάν μας μάθατε ένα πράγμα είναι το ότι δεν μπορούμε ποτέ και δεν πρέπει ποτέ, να πιστεύουμε σε τίποτε. Μάθαμε αυτό το μάθημα πολύ πιο καλά από ότι νομίζετε. Ρώτα, κριτίκαρε και αμφέβαλλε για τα πάντα — μας διδάσκατε. Και όταν λέγατε "τα πάντα" εννοούσατε πάνω από όλα, τις παλιές αξίες της οικογένειας, της παράδοσης και της πατρίδας. Ακολουθήσαμε τις οδηγίες σας, κριτικάροντας, ερωτώντας και αμφιβάλλοντας για τα πάντα. Αλλά όταν λέμε "τα πάντα" πραγματικά εννοούμε τα πάντα. Πάνω από όλα εννοούμε εσάς.

Πραγματικά πιστεύατε ότι η γενιά που μεγαλώσατε με ολοκληρωτική αμφιβολία θα σας ακολουθούσε; Πραγματικά πιστεύετε ότι θα αποδεχόμασταν δίχως κριτική την κριτική σας όλων των αξιών; Πραγματικά πιστεύατε ότι θα συνεχίζαμε το καταστροφικό σας έργο, απλά επειδή μας είπατε πώς; Πόσο λίγο ξέρετε τα παιδιά σας!

Τα κριτικά μυαλά αναμεσά μας, ήταν τα πρώτα που είδαν πίσω από το παραπέτασμα καπνού σας. Ακούσαμε σκεπτικά τις κούφιες σας εκφράσεις για την ανοχή και την απελευθέρωση, αλλά δεν αφήσαμε τους ευσεβείς πόθους σας να ρίξουν στάχτη στα μάτια μας. Η ματιά μας διαπέρασε την ομίχλη της νοητικής σας σύγχυσης και είδαμε τα πράγματα όπως είναι.

Παρακολουθούμε καθώς οι νεκρές ιδέες σας και οι γελοίες παραισθήσεις σας χαροπαλεύουν στο έδαφος, παλεύοντας για αναπνοή, περιμένοντας κάποιον να τους δώσει την χαριστική βολή.

Είμαστε χαρούμενοι να αναλάβουμε το καθήκον και να φέρουμε τελικά ειρήνη, και σε εσάς.

Θα σας κουβαλήσουμε προσεκτικά και θα σας αφήσουμε κάτω να ξεκουραστείτε. Κοιμηθείτε, αγαπητοί γονείς. Σταματήστε να προσπαθείτε να επηρεάσετε την πολιτική. Σταματήστε να προσπαθείτε να μεταλλάξετε την πραγματικότητα στα λανθασμένα όνειρά σας. Ξεκουραστείτε, πραγματικά έχετε κάνει αρκετά.

Μην ανησυχείτε. Να γνωρίζετε ότι ο κόσμος είναι σε καλά χέρια. Θα καταστρέψουμε τα τέρατα που έχετε δημιουργήσει. Θα κάνουμε την κατεστραμμένη σας γη να καρπίσει ξανά. Την κοινωνία που προσπαθήσατε να απελευθερώσετε, καταστρέφοντάς την, θα την ξανακτίσουμε.

Ξεκουραστείτε. Αφήστε το καθήκον του σχηματισμού της Ευρώπης σε αυτούς που ξέρουν κάτι γι' αυτό. Αφήστε το σε εμάς. Κατεβείτε και κάντε μας χώρο.

Για την γενιά της ταυτότητας.

10. ΓΙΑ ΤΗΝ ΟΙΚΟΛΟΓΙΑ

Έχετε πει συχνά και αναλύσει ότι πρέπει να αγωνιστούμε — κατά της καταστροφής του πλανήτη, την αλλαγή του κλίματος, την πυρηνική ενέργεια και την καταστροφή των δασών του Αμαζονίου. Εκφωνήσατε μακρείς λόγους και κάνατε τους εαυτούς σας να νοιώθουν σημαντικοί. Είπατε και ανακοινώσατε οτιδήποτε μπορούσατε να φανταστείτε, αλλά δεν προστατέψατε το περιβάλλον.

Κάποιος πρέπει να ρωτήσει: Γιατί αποτύχατε; Γιατί ήταν όλες οι λέξεις και οι προθέσεις σας άχρηστες; Είναι το ίδιο με όλα όσα κάνατε. Θέλατε επίσης να δημιουργήσετε μία λειτουργική πολυπολιτισμική κοινωνία, αλλά δεν μπορούσατε, επειδή ο σκοπός σας ήταν μη — ρεαλιστικός. Και παρόλο που ο στόχος ενός συντηρούμενου κόσμου είναι ρεαλιστικός, το προτεινόμενο μονοπάτι σας ήταν φαντασιακό.

Πραγματικά πιστεύετε ότι μπορούσατε να σώσετε το περιβάλλον, δένοντας τον εαυτό σας σε δέντρα; Τι κάνουν πραγματικά οι διαδηλώσεις στην Ευρώπη για τα δάση του Αμαζονίου.

Ποτέ δεν σκεφτήκατε τα αποτελέσματα των ενεργειών σας. Απλά θέλατε να σιωπήσετε την φωνή της συνείδησής σας και να το παίξετε επαναστάτες. Μια πραγματική λύση για τον πλανήτη μας, φυσικά θα απαιτούσε λεπτομερή, καλοδουλεμένο σχεδιασμό και συμπαγείς στρατηγικές.

Αλλά αυτό θα ήταν πολύ κουραστικό για εσάς. Προτιμήσατε να κατηγορήσετε την πολιτική και την οικονομία για την μεγαλοπρεπή σας αμέλεια. Καθώς ποτέ δεν κάνατε ρεαλιστικά βήματα, αφήσατε την προστασία του πλανήτη μας στους πιο αναποτελεσματικούς ονειροπόλους και παρανοϊκούς. Οι "Πράσινοι" η μεγαλύτερη αγέλη τρελών ανάμεσά σας, ήταν οι μόνοι που πραγματικά πολέμησαν για την γη.

Παρόλα αυτά, εξευτέλισαν τον αγώνα με την δική τους απωθητική συμπεριφορά, συνδέοντάς τον με την χρήση ναρκωτικών και τα παρεμφερή.

Η περιβαλλοντική προστασία είναι πολύ σημαντική για να αφεθεί σε φαντασιώσεις, αλλά αφήσατε τους πιο γεμάτους από φαντασιώσεις να εκτρέπουν τον διάλογο. Έτσι φτάσαμε στο σημείο ο αγώνας για την γη να μην έχει ξεκάθαρη οργάνωση ή δομή. Κανένα από τα βασικά συστατικά για επιτυχία.

*

Έτσι αποτύχατε σε ένα ακόμη κρίσιμο ζήτημα. Κάνατε τίποτε σωστά; Παρακολουθήστε μας και μάθετε πώς κάποιος πραγματικά προστατεύει το περιβάλλον, χωρίς μεγάλες διαδηλώσεις και χωρίς να ανατινάζει εργοστάσια. Στην πραγματικότητα η πραγματική περιβαλλοντική προστασία δεν εμποδίζει κάποιον από το να πλένεται! Αποφασιστικά και σοβαρά θα σώσουμε τον πλανήτη. Γιατί είμαστε η γενιά της ταυτότητας.

11. ΓΙΑ ΤΗΝ ΠΟΛΥΠΟΛΙΤΙΣΜΙΚΗ ΚΟΙΝΩΝΙΑ

Όλα τα γήινα πράγματα φαίνονται αρκετά διαφορετικά σε διαφορετικούς παρατηρητές. Αυτό το οποίο κάθε παρατηρητής περιμένει και αυτό για το οποίο ελπίζει νεφελώνει και μετατρέπει την αντίληψή του. Οι προηγούμενες εμπειρίες μας αλλάζουν την θέασή μας του κόσμου. Και για να μιλήσουμε για εσάς, οι ιδεολογίες, οι παραισθήσεις και άλλες φαντασιώσεις έχουν σκοτεινιάσει την δική σας θέαση για την πραγματική φύση των θεμάτων.

Ίσως δύο άνθρωποι βλέπουν το ίδιο πράγμα τελείως διαφορετικά, λόγω των προηγουμένων εμπειριών τους και των προκαταλήψεων τους.

Ίσως επίσης δύο γενιές βλέπουν το ίδιο ζήτημα εντελώς διαφορετικά.

Έτσι έρχεται εμπρός μας το θέμα που αφορά την πολυπολιτισμική σας κοινωνία.

*

Δεκαετίες πριν κρατούσατε την δάδα του πολυπολιτισμού και θέλατε να τον εφαρμόσετε με οιοδήποτε κόστος. Αλλά τι σημαίνει ο πολυπολιτισμός για εσάς; Τίποτε περισσότερο από το να τρώτε πίτσα και κεμπάπ στα τουρκικά μαγαζιά. Πέραν αυτού, πολύ λίγα έχετε να κάνετε με την πολυπολιτισμική κοινωνία. Και επειδή σας αρέσει να τρώτε τούρκικο φαγητό και δεν καταλαβαίνετε τι συμβαίνει, είναι εύκολο για εσάς να καταδικάζετε την κριτική μας ως προκατάληψη. Από την δική σας οπτική ο πολυπολιτισμός δουλεύει μια χαρά.

Αλλά τα παιδιά σας βλέπουν τα πράγματα κάπως διαφορετικά. Πάμε στις τάξεις με 80% ή περισσότερους αλλοδαπούς μαθητές. Μαχαιροβγάλτες Τούρκους, εμπόρους ναρκωτικών αφρικανούς και φανατικούς μουσουλμάνους. Τα φτηνά σας κλισέ είναι η πραγματικότητά μας. Γι' αυτό μισούμε το μεγάλο σας όνειρο της πολυπολιτισμικής κοινωνίας. Τι ξέρετε γι' αυτή την κοινωνία; Τίποτε! Έτσι σταματήστε να προσπαθείτε να μας κάνετε διαλέξεις. Σταματήστε να λέτε ότι είμαστε κακοί ρατσιστές, επειδή η ουτοπία σας μας προκαλεί αηδία.

Μην μας επιτίθεστε με τον Δεύτερο Παγκόσμιο Πόλεμο και τον Χίτλερ όταν μιλάμε για τον Μωάμεθ τον Πορθητή και τον Μουσταφά. Και μην μας λέτε ότι οι αλλοδαποί είναι ακριβώς σαν εμάς, όταν βλέπουμε κάθε μέρα ότι δεν είναι.

*

Είμαστε πιο πολύ στερημένοι των δικαιωμάτων μας από ότι είναι αυτοί. Δεν θέλουμε ο Μεχμέτ και ο Μουσταφά να γίνουν Ευρωπαίοι. Δεν θέλουμε τους μετανάστες να πάρουν τις ταυτότητές μας και να αφήσουν τις δικές τους.

Πρέπει να κρατήσουν τις ταυτοτητές τους και να μας αφήσουν να έχουμε την δικιά μας. Δεν ζητάμε τίποτε άλλο από αυτό που θα έπρεπε να είναι ολοφάνερο. Η Ευρώπη ανήκει μόνον στους Ευρωπαίους. Είμαστε οι δικαιωματικοί κληρονόμοι αυτής της Ηπείρου και δεν θα παραδώσουμε την κληρονομία μας.

Γιατί είμαστε η γενιά της Ταυτότητας.

12. ΓΙΑ ΤΗΝ ΠΑΓΚΟΣΜΙΟΠΟΙΗΣΗ

Αναρωτηθήκατε ποτέ τι θα σκεφτεί το μέλλον για εσάς; Εάν αγάλματα θα χτιστούν για να ενθυμούνται το λαμπρό σας παράδειγμα; Πώς θα κρίνουν τα κατορθώματα και τις πράξεις σας; Ξεκάθαρα δεν το έχετε κάνει. Εάν είχατε μια φορά σκεφτεί πώς θα σας κρίνει η αιωνιότητα, ακόμη και εάν για λίγο είχατε σταματήσει και σκεφτεί το μέλλον, θα ανακαλύπτατε ότι τα παιδιά και τα εγγόνια σας θα φτύνουν με αηδία το όνομά σας. Δεν θα συνεχίσουν το καταστροφικό σας έργο.

*

Αλλά μην ανησυχείτε, δεν χρειάζεται να περιμένετε μέχρι το μέλλον για να βρείτε ανθρώπους των οποίων το μίσος κερδίσατε με βεβαιότητα. Δεν χρειάζεται καν να μιλήσετε με τα παιδιά σας. Είναι αρκετό εάν απλά αφήσετε το μέλλον και πάτε στον ευρύτερο κόσμο.
Έξω από τις απελευθερωμένες κοινωνίες σας υπάρχουν ακόμη άλλοι πολιτισμοί και λαοί. Κοιτούν προσεκτικά τις ουτοπίες σας.
Μπορείτε να φανταστείτε κάτι τέτοιο; Μπορείτε να αντέξετε την σκέψη ότι κάποιες κοινωνίες δεν θέλουν να τις "απελευθερώσετε";
Πώς μπορεί να συμβαίνει αυτό; Φέρατε μαζί σας όλα τα θαύματα του δυτικού πολιτισμού. Με τον καπιταλισμό, την δημοκρατία και τα ανθρώπινα δικαιώματα στην βαλίτσα σας ξεκινήσατε την απελευθερωτική σας τουρνέ!
Γίνατε περίεργοι, ρωτήσατε τα μέλη των άλλων λαών για τον πολιτισμό τους. Αλλά όταν άρχισαν να απαντούν, εισβάλλατε και τους εξηγήσατε πώς μπορείτε να βελτιώσετε τους πολιτισμούς τους ώστε να γίνουν πιο πολύ σαν εσάς.
Μισούμε την υποκριτική σας ξενοφιλία με πάθος. Δίνετε το ένα χέρι σε αυτούς τους πολιτισμούς ειρηνικά, και στο άλλο κρατάτε το μαχαίρι. Και παρόλα αυτά, ακόμη πιστεύετε ότι κάνετε καλό.

*

Ο υπόλοιπος κόσμος σας μισεί. Έχετε την παραμικρή ιδέα γιατί; Έχετε καμία ιδέα γιατί ο υπόλοιπος κόσμος σας αντιμετωπίζει με τέτοια εχθρότητα; Όχι γιατί τους εκμεταλλεύεστε ή γιατί κυριαρχείτε στρατιωτικά. Αυτό ανήκει στο μεγάλο και αιώνιο παιχνίδι των λαών, στο οποίο ο κάθε λαός ζητά το πλεονέκτημα. Όχι, ο κόσμος σας μισεί για την υποκρισία σας. Ούτε οι μεγαλύτεροι ιμπεριαλιστές της ιστορίας δεν ήταν τόσο αλαζονικοί όσο εσείς. Οι ιμπεριαλιστές ίσως έκλεψαν και υποδούλωσαν τον κόσμο, αλλά τουλάχιστον ποτέ δεν προσποιήθηκαν ότι ήταν οι καλοί, που έφερναν ειρήνη και ελευθερία. Το έκαναν για το κέρδος και το παραδεχόντουσαν με ελευθερία. Αλλά εσείς θέλετε να σώσετε τον κόσμο. Να φέρετε στον κόσμο δημοκρατία, ανθρώπινα δικαιώματα και καπιταλισμό. Θέλετε να εκμοντερνίσετε τον κόσμο και να επιβάλετε την ψεύτικη μοντερνικοτητά σας και τις αλαζονικές ιδέες της προόδου σας σε κάθε έναν που συναντάτε. Τίποτε δεν προσβάλλει και μειώνει περισσότερο τους αρχαίους και υπερήφανους πολιτισμούς της Ινδίας, της Κίνας, της Ρωσίας, της Περσίας και τόσων άλλων χωρών, όσο οι σταυροφορίες σας να τους "διδάξετε" και να τους "βελτιώσετε".

*

Θάψατε τον πολιτισμό της Ευρώπης και τώρα θέλετε να ισοπεδώσετε και όλους τους άλλους. Ο κόσμος ποτέ δεν θα σας συγχωρήσει αυτή την αλαζονεία.

Εμείς, τα παιδιά σας, μπορούμε πολύ εύκολα να φανταστούμε το μίσος τους. Ποιος ξέρει καλύτερα από εμάς το πώς είναι να πατρονάρεται από εσάς; Γνωρίζουμε το αίσθημα του να ξεριζώνεσαι και να αφήνεσαι μεσοπέλαγα. Έτσι καταλαβαίνουμε τους λαούς που σας σιχαίνονται και απορρίπτουν την πρόοδό σας.

Γιατί είμαστε η γενιά της Ταυτότητας.

13. ΓΙΑ ΤΗΝ ΔΗΜΟΚΡΑΤΙΑ

Επιφανειακά θα φαινόταν ότι και οι δύο γενιές μας θα υποστήριζαν τουλάχιστον έναν κοινό σκοπό. Τουλάχιστον σε ένα σημείο φαίνεται να συμφωνούμε. Στην παθιασμένη υποστήριξή μας στην αρχή της κυριαρχίας του λαού, την Δημοκρατία. Τελικά όμως, δεν συμφωνούμε σε τίποτε περισσότερο από μία λέξη. Σύντομα γίνεται ξεκάθαρο ότι καταλαβαίνουμε κάτι εντελώς διαφορετικό με την λέξη Δημοκρατία.

Όταν σκεφτόμαστε την Δημοκρατία, η εικόνα της Αθήνας και το δικαίωμα για συμμετοχή στις αποφάσεις της κοινότητας έρχεται στο μυαλό μας. Πιστεύουμε με δύναμη ότι ο λαός έχει δικαίωμα όχι μόνο να συμμετέχει σε αυτές τις αποφάσεις, αλλά να τις παίρνει μόνος του για λογαριασμό του.

Η άμεση Δημοκρατία και τα δημοψηφίσματα είναι τα ιδανικά μας. Όταν λέμε Δημοκρατία, πραγματικά εννοούμε δημοκρατία.

*

Η δική σας κατανόηση της Δημοκρατίας, στο άλλο χέρι, είναι τόσο υποκριτική όσο ο,τιδήποτε άλλο. Σίγουρα ισχυρίζεσθε ότι πιστεύετε στην αρχή της εξουσίας του λαού, και θεωρείται ότι είστε καλοί, δημοκρατικοί πολίτες. Στην πραγματικότητα όμως τα λόγια σας είναι άδεια και στερημένα από κάθε περιεχόμενο.

Αρνείσθαι να επιτρέψετε στον λαό να ψηφίσει για όσα έχουν πραγματικά σημασία. Φοβάστε τον "λαϊκισμό" λέτε — έτσι αποκαλείται απόψεις διαφορετικές από τις δικές σας — και την "ηλιθιότητα" του λαού. Ο λαός υποτίθεται ότι δεν ξέρει τίποτε για τις βασικές ερωτήσεις.

Εμείς ισχυριζόμαστε, αντιθέτως, ότι ο λαός μπορεί να κάνει κρίσεις σε σημαντικά θέματα, χίλιες φορές καλύτερα από τους εκλεγμένους σας αντιπροσώπους, που ζουν σε μία ιδεολογική φούσκα.

*

42 ΓΕΝΙΑ ΤΗΣ ΤΑΥΤΟΤΗΤΑΣ

Γιατί φοβάστε τον λαό. Γιατί τρέμετε με φόβο αντιμέτωποι με την ιδέα ενός δημοψηφίσματος; Ίσως επειδή ξέρετε ότι η πλειοψηφία των Ευρωπαίων δεν μοιράζεται την άποψή σας; Πάντα περιορίζατε τους εαυτούς σας στα Πανεπιστήμια και στις διανοητικές και πολιτιστικές ελίτ του έθνους. Χρησιμοποιώντας αυτές τις ελίτ, θέλατε να επιβάλλετε τα ψυχωτικά σας σχέδια. Ο λαός ήταν πάντα απλά ένα εμπόδιο.

Αλλά έχουμε περισσότερη πίστη στους Ευρωπαίους από ότι εσείς. Ακόμη και εάν δεν μοιράζονται τις απόψεις μας σε όλα τα σημεία, ξέρουμε ότι θα τους πείσουμε και θα τους φέρουμε στην πλευρά μας.

Προερχόμαστε από τον λαό και πολεμάμε για τον λαό και το δικαίωμά τους να αποφασίσουν το δικό τους πολιτικό πεπρωμένο. Απαιτούμε πραγματική δημοκρατία. Δεν φοβόμαστε την θέληση των Ευρωπαίων.

Γιατί είμαστε η γενιά της Ταυτότητας.

14. ΓΙΑ ΤΗΝ ΠΟΙΚΙΛΟΤΗΤΑ

Πολύχρωμοι, ποικίλοι, ετερογενείς. Σίγουρα προσπαθείτε να "πουλάτε" τους εαυτούς σας ως υπέρμαχους της ποικιλότητας. Ανέχεστε κάθε διαστροφή και πιστεύετε ότι κάνοντας αυτό προσφέρετε υπηρεσίες στην ποικιλότητα. Αλλά είστε λάθος για μία ακόμη φορά.

Μία εικόνα δεν έχει ζωηρές αντιδράσεις όταν κάποιος ανακατεύει όλα τα χρώματα μαζί, αλλά όταν κάποιος βάζει το κάθε χρώμα στην θέση που του πρέπει.

Η ποικιλότητα σε μεγάλη κλίμακα, απαιτεί ομογένεια σε μικρή κλίμακα.

*

Δεν μπορείτε να το κατανοήσετε. Βλέπετε μία πολυπολιτισμική μητρόπολη και θέλετε κάθε πόλη να γίνει σαν κι' αυτή. Μιλάτε για ποικιλότητα, αλλά θέλετε να κάνετε τα πάντα ίδια.

Δεν μας το κηρύσσετε κάθε μέρα;

Πρέπει να υπάρχει μία αγορά ισχυρίζεστε. Μία μορφή διακυβερνήσεως είναι η σωστή. Θέλετε να επιβάλλετε μία διατύπωση των ανθρωπίνων δικαιωμάτων, που θα έπρεπε να ισχύουν για όλους. Όλοι ζούμε σε έναν κόσμο. Αυτά είναι τα σλόγκαν σας. Πώς τότε τολμάτε να ισχυρίζεστε ότι υπερασπίζεστε την ποικιλότητα, όταν μισείτε την ποικιλότητα από τα βάθη της ύπαρξής σας.

*

Δεν θέλουμε να δούμε ένα και μοναδικό είδος πόλης να απλώνεται σε όλο τον κόσμο. Θέλουμε να ταξιδεύουμε σε άλλες χώρες και να βιώνουμε εντελώς διαφορετικούς πολιτισμούς, όχι πιο απομακρυσμένα φυλάκια μίας παγκόσμιας, πλανητικής μητρόπολης.

Θέλουμε να επιστρέψουμε σπίτι στον δικό μας πολιτισμό, όπου νοιώθουμε σε αρμονία με τους εαυτούς μας, όχι σε ένα κακέκτυπο αποικίας κομφορμισμού σε μια πολυεθνική αυτοκρατορία.

*

Αντιτιθέμεθα στην πίστη σας του πολυπολιτισμού με την αρχή του εθνοπλουραλισμού. Αντί να ανακατεύουμε και να μονομορφοποιούμε, θέλουμε να διαφυλάξουμε την διαφορά. Θέλουμε διαφορετικούς λαούς, κουλτούρες και ταυτότητες. Συμπεριλαμβανομένης της δικιάς μας.

Θέλουμε τον κόσμο να παραμείνει ένα πολύχρωμο, παλλόμενο και μαγευτικό μωσαϊκό. Δεν θέλουμε μία ανιαρή, γκρίζα οθόνη προβολής. Είμαστε οι πραγματικοί εκπρόσωποι της ποικιλότητας. Οι πραγματικοί της αντάρτες.

Γιατί είμαστε η γενιά της ταυτότητας.

15. ΓΙΑ ΤΟΝ ΕΘΝΙΚΟΣΟΣΙΑΛΙΣΜΟ

Δεν έχουμε υπάρξει "μαλακοί" προς τα εσάς με κανέναν τρόπο. Έχουμε ανηλεώς κριτικάρει τις αποτυχίες σας και παρόλα αυτά, είναι ξεκάθαρο σε εμάς, γιατί κάνατε αυτές τις αποτυχίες εξαρχής.

Ξέρουμε τι αρχικά φύτεψε αυτές τις άρρωστες υποθέσεις για μία πολυπολιτισμική, απελευθερωμένη και παρηκμασμένη κοινωνία στα κεφάλια σας. Ήταν ο Εθνικοσοσιαλισμός.

*

Γεννηθήκατε μετά τον πόλεμο. Είδατε τα συντρίμμια της καταστροφής και ακούσατε από πρώτο χέρι τις αναφορές. Ο τρόμος και η καταστροφή από την εποχή των εθνικοσοσιαλιστών άφησε ένα βαθύ σημάδι.

Έτσι θέλατε να κάνατε τα αντίθετα από τους Ναζί από όλες τις απόψεις. Όπου υπήρχε κάτι στο οποίο έλεγαν ναι, εσείς αμέσως λέγατε όχι, χωρίς καμία φορά να σκεφτείτε την πραγματική ερώτηση.

*

Ο Εθνικοσοσιαλισμός καθόρισε ολόκληρο τον τρόπο σκέψης σας. Κανείς δεν σχημάτισε την κοσμοθεωρία σας περισσότερο από τον Αδόλφο Χίτλερ.

Ο Ναζισμός ήταν ρατσιστικός, και έτσι θέλατε να είστε "αντιρατσιστές". Ο Ναζισμός ήταν εθνικιστικός; Έτσι γίνατε φυσικά διεθνιστές. Ήταν μιλιταριστικός, φασιστικός και ιμπεριαλιστικός και έτσι γίνατε αντι-μιλιταριστές, αντιφασίστες και αντιιμπεριαλιστές. Εάν ο Ναζισμός προωθούσε την πίστη στην παραδοσιακή οικογένεια, θέλατε να την καταδικάσετε και αυτή.

Με αυτό τον τρόπο, ο Αδόλφος Χίτλερ έγινε το μεγαλύτερό σας πρότυπο.

Οι προσπάθειές σας να απορρίψετε την εξτρεμιστική ιδεολογία του Εθνικοσοσιαλισμού σας οδήγησε να δημιουργήσετε την δική σας εξτρεμιστική ιδεολογία. Το να πιστεύετε φανατικά ότι κάνετε το σωστό, σας οδήγησε στο να μετατρέψετε σε ερείπια την Ευρώπη.

*

Εμείς όμως έχουμε μεγαλύτερη διανοητική ελευθερία από εσάς. Είμαστε η πρώτη γενιά μετά το 1933 που έχει πραγματικά ξεπεράσει τον Εθνικοσοσιαλισμό. Δεν ορίζουμε τους εαυτούς μας με δικούς τους όρους, ούτε με όρους αντίθεσης σε αυτόν. Απορρίπτουμε την ιδεολογία του και την εχθρότητά του στην ελευθερία και την ποικιλότητα των λαών, όπως απορρίπτουμε την δική σας ιδεολογία.

Τι σημαίνει ο δεύτερος Παγκόσμιος Πόλεμος για εμάς; Μάθαμε από την ιστορία του ότι εμείς οι Ευρωπαίοι δεν θα έπρεπε να πολεμούμε ο ένας το άλλον για μικροπρεπείς διαφορές. Μας μάθατε επίσης ότι εμείς οι Ευρωπαίοι δεν πρέπει να μισούμε τους εαυτούς μας για μικροπρεπείς λόγους.

Δεν χρειάζεται να καταδικάζουμε και να δαιμονοποιούμε. Μαθαίνουμε. Έχετε αποτύχει να μάθετε από το "Τρίτο Ράιχ" και έχετε γίνει τόσο εξτρεμιστές όσο οι Εθνικοσοσιαλιστές. Σε αντίθεση με εσάς, μπορούμε δικαίως και σωστά να ισχυρισθούμε ότι έχουμε ξεπεράσει τον εθνικοσοσιαλισμό. Πετάμε τόσο αυτόν, όσο και τις ιδέες σας εκεί που ανήκουν, στην ιστορία.

Γιατί είμαστε η γενιά της ταυτότητας.

16. ΓΙΑ ΤΟ ΤΕΛΟΣ ΤΟΥ ΚΟΣΜΟΥ

Ο φόβος σας για το τέλος των ημερών έχει υπάρξει σημαντικός τελευταία. Ακόμη και εάν δεν πιστεύετε στις αρχαίες επιγραφές των Μάγιας, τρέμετε στην σκέψη τους. Φοβάστε τον θάνατο; Γεμίζει με φόβο τις καρδιές σας η πιθανότητα ηφαίστεια να ξεπηδήσουν από την γη και η λάβα να μετατρέψει τις πόλεις σας σε στάχτη; Χαζοί! Είμαστε ήδη στην μέση του τέλους!

Οι θολές διαθέσεις σας, ταξινομημένες και εξισωμένες από τις ταινίες του Χόλιγουντ, σας κάνουν τυφλούς σε ο,τιδήποτε δεν εκρήγνυται μπροστά στο πρόσωπό σας.

Δεν χρειάζεται να μελετήσετε τις προφητείες των Μάγιας, για να δείτε ότι το τέλος έρχεται. Χρειάζεται απλά να ανοίξετε τα μάτια σας. Η Γή μας πεθαίνει. Αιμορραγεί από ένα εκατομμύριο πληγές. Κάθε μέρα, μπουλντόζες και τεράστια μηχανήματα μεταμορφώνουν τον γεμάτο χρώμα πλανήτη μας, κομμάτι κομμάτι σε μία νεκρή έρημο. Δείτε τα δάση του Αμαζονίου και τους ωκεανούς. Αναζητήστε τις πλατφόρμες πετρελαίου και τα τεράστια τρυπάνια και θα βρείτε τον θάνατο.

Πήρατε τα πάντα, ληστέψατε τα πάντα. Δεν έχετε ενδοιασμούς ως προς το να σκοτώσετε την μητέρα όλων μας.

Αλλά βαθιά μέσα σας, μπορείτε σίγουρα να μαντέψετε ότι οι αμαρτίες σας θα σας προφτάσουν, ότι ήσασταν πολύ άπληστοι και δίχως μέτρο. Ενθουσιαστήκατε από ταινίες για την καταστροφή, επειδή γνωρίζετε ότι μία μέρα η φύση θα πάρει την εκδίκησή της. Και αυτός ίσως συμβεί απλά επειδή η γενναιοδωρία της μία μέρα απλά δεν θα βρίσκεται πια εκεί.

Ίσως τότε θα αντιληφθείτε ότι δεν είναι τα πάντα δίχως αξία. Είναι λογικό να σκεφτούμε το μέλλον. Και ότι η ανθρωπότητα θα μπορούσε να ζει λίγο λιγότερα πολυδάπανα, προκειμένου να ζήσει χίλιες φορές περισσότερο.

Κοιτάξτε τις εικόνες του κατεστραμμένου μας πλανήτη και αναρωτηθείτε: Το άξιζε πραγματικά;

*

Αλλά μην ανησυχείτε. Δεν θα βιώσετε τις πραγματικές και τελικές συνέπειες της καταστροφικής σας οργής. Θα έχετε από καιρό φύγει και θα είναι στους ώμους μας το να ξεκινήσουμε σε ένα νέο μονοπάτι. Θα αφήσουμε το δικό σας μονοπάτι της καταστροφής και θα ζήσουμε με αρμονία και σεβασμό για την φύση. Ίσως όχι τόσο πλουσιοπάροχα και πολυτελώς όσο εσείς, αλλά παρόλα σημαντικά πιο χαρούμενοι. Γιατί είμαστε η γενιά της ταυτότητας.

17. ΓΙΑ ΤΗΝ ΕΞΩΤΕΡΙΚΗ ΠΟΛΙΤΙΚΗ

Στους λόγους και τα κείμενά σας, πάντα ανακοινώνετε σπουδαία πράγματα και ένδοξες πράξεις, αλλά στην πραγματικότητα, έχετε σοβαρές ελλείψεις σε αυτά. Αν ήσασταν ήρωες στην θεωρία, η πράξη πάντα σας έδειχνε με τα κεφάλια σας γερά θαμμένα στην άμμο. Αυτή είναι πάνω από όλα η περίπτωση όσον αφορά στην Ευρωπαϊκή εξωτερική πολιτική. Εκεί που χρειάζονταν γενναίοι και στιβαροί άνδρες, σταθήκατε ως φαφλατάδες και δειλοί. Για δεκαετίες επιτρέψατε στην Ευρώπη να γίνει ο εκούσιος υπηρέτης της Αμερικής. Όντας υπηρέτες, πάντα έπρεπε να τρέξετε όταν χτυπούσε το κουδούνι. Φυσικά το κάνατε με μια γκριμάτσα δυσαρέσκειας, αλλά παρόλα αυτά το κάνατε. Ποτέ δεν σας προέκυψε η πιθανότητα ότι ίσως θα έπρεπε να δημιουργήσετε το δικό σας πολιτικό πρόγραμμα.

*

Αυτή η διαρρύθμιση δεν ήταν για σας καθόλου κακή. Οι Αμερικάνικες στρατιές υπερασπιζόντουσαν την Ευρώπη, και επιτίθονταν κατά οποιουδήποτε απειλούσε την Ευρώπη, ή τουλάχιστον κατά όποιου οι Αμερικανοί ισχυριζόντουσαν ότι το έκανε.

Μπορούσατε να κάθεστε στο πλάι και να δείχνετε το δάχτυλό σας κατηγορηματικά προς τους δολοφόνους Αμερικανούς, ενώ την ίδια στιγμή ήσαστον χαρούμενοι που έπαιρναν τους πολέμους από τα χέρια σας. Παρόλη την υποκριτική σας απόρριψη των Αμερικανών, ακόμη παραμένατε σταθεροί σε μια συμμαχία με αυτούς.

Αυτό που απαιτούσαν σαν αντάλλαγμα, δηλαδή την συμμετοχή των Ευρωπαίων στρατιωτών στις αμερικάνικες σταυροφορίες, σας φαινόταν σαν ένα λογικό κόστος. Έτσι ήταν που οι γίοι της Ευρώπης πέθαναν σε χώρες όπου δεν είχαν καμία δουλειά να βρίσκονται εξ' αρχής.

*

Αλλά οι καιροί αλλάζουν, η Αμερική στρέφει την προσοχή της στο θέατρο του Ειρηνικού, όπου προσπαθεί να αντιμετωπίσει την πρόκληση του νέου ανταγωνιστή της, την Κίνα.

Οι μεγάλες μάχες του καιρού μας θα δοθούν στην Ασία, και στον ευρύτερο ειρηνικό Ωκεανό, όπου θα συναντηθούν αυτοί οι δύο τιτάνες.

Οι Αμερικανοί σταδιακά αποσύρονται από την Ευρώπη, καθώς η δύναμή τους δεν αρκεί για να κυριαρχήσουν σε ολόκληρο τον κόσμο. "Υπερασπιστείτε τους εαυτούς σας", μας φωνάζουν καθώς φεύγουν.

*

Ως εκ τούτου, στέκουμε μπροστά σε μία τρομερή πρόκληση, πολύ μεγάλη για εσάς. Εάν η Ευρώπη απειληθεί στο μέλλον θα χρειαστεί να υπερασπιστεί τον εαυτό της.

Μπορείτε πια να πολεμήσετε καθόλου, μπορείτε να σκοτώσετε αν χρειαστεί; Ξέρετε μήπως τι σημαίνει το να υπερασπιστείτε τον εαυτό σας;

Δεν ξέρετε, επειδή θα προτιμούσατε να οδηγήσετε την Ευρώπη στον χαμό της από το να καταδεχθεί τε να την υπερασπιστείτε. Αλλά εμείς ξέρουμε τι πρέπει να κάνουμε. Είμαστε έτοιμοι να υπερασπιστούμε την Ήπειρό μας σε καιρούς κρίσης. Εδώ στεκόμαστε μπροστά σε τρομερά καθήκοντα. Το ΝΑΤΟ έχει προ πολλού ξεπεράσει την ημερομηνία λήξης του.

Η Αμερική δεν θα μας βοηθήσει στο μέλλον, και εμείς η γενιά της ευρωπαϊκής Ταυτότητας, δεν έχουμε κανένα ενδιαφέρον στο να πολεμήσουμε τους πολέμους της Αμερικής. Έχει ως εκ τούτου πέσει πάνω μας το καθήκον να βρούμε έναν άλλο δρόμο.

Η Ευρώπη χρειάζεται τον δικό της στρατό. Μία ικανή και οργανωμένη μαχητική δύναμη, της οποίας ο σκοπός δεν πρέπει να είναι η εισβολή σε άλλες χώρες, αλλά η προστασία της Ευρωπαϊκής ουδετερότητας σε ένα παγκόσμιο επίπεδο. Αυτό που είναι η Ελβετία για την Ευρώπη, πρέπει η Ευρώπη να γίνει για τον κόσμο. Μία ισχυρή και ανεξάρτητη περιοχή που δεν επιτίθεται σε κανέναν και στην οποία κανείς δεν τολμά να επιτεθεί.

*

ΓΕΝΙΑ ΤΗΣ ΤΑΥΤΟΤΗΤΑΣ 51

Αφήσατε τους εαυτούς σας να χρησιμοποιηθούν από τις ΗΠΑ, και κάνοντας αυτό δεν ήσασταν καθόλου καλύτεροι από τις κοινές πόρνες. Με αυτοπεποίθηση και γενναιότητα θα δηλώσουμε στον κόσμο: "Κανείς Ευρωπαίος δεν θα πεθάνει για έναν ξένο πόλεμο, και κανείς εχθρός δεν μπορεί ποτέ να ελπίζει να κατακτήσει την Ευρώπη."

Αυτό είναι το μήνυμά μας στον κόσμο
Γιατί είμαστε η γενιά της Ταυτότητας.

18. ΓΙΑ ΤΗΝ ΕΥΡΩΠΑΪΚΗ ΕΝΩΣΗ

Μία ενωμένη Ευρώπη. Αυτό είναι που όλοι οι Ευρωπαίοι χρειάζονται και θέλουν. Ας μην πολεμήσουμε ξανά ο ένας τον άλλον. Ποτέ πια να μην πέσουμε στην μανία του αίματος που δύο φορές έσπρωξε την Ήπειρό μας στο χείλος του γκρεμού της ολοκληρωτικής καταστροφής. Όλοι συμφωνούμε σε αυτό το σημείο. Αλλά, όπως σε όλα τα πράγματα, αποτύχατε και στην Ευρωπαϊκή ενοποίηση.

Δεν δείξατε την παραμικρή ικανότητα πρόβλεψης όταν κατασκευάσατε την πολιτική δομή της Ηπείρου και όλη η στρατηγική σας έμεινε ανεκπλήρωτη. Μια μισοδουλειά, χωρίς όραμα και πάθος.

Όπως ακριβώς δεν είχατε κανένα σχέδιο, καμία θέληση για ένα μεγάλο πολιτικό άλμα, οι επιχειρήσεις και το κεφάλαιο πήραν τα ηνία του εγχειρήματος του κτισίματος μια Ενωμένη Ευρώπη.

Όταν όμως οι επιχειρήσεις ανακατεύονται με την πολιτική, το αποτέλεσμα σπάνια είναι καλό, τόσο σε οικονομικά όσο και σε άλλα ζητήματα.

Παρόλα αυτά, επιτρέψατε στα βραχυπρόθεσμα συμφέροντα λίγων να καταπατήσουν τα μακροπρόθεσμα συμφέροντα όλων. Ομάδες λόμπι και πολυεθνικές εταιρείες έβαλαν τους στόχους και έχτισαν αυτό που τώρα αποκαλούμε Ευρωπαϊκή Ένωση.

Είναι μία οργάνωση χωρίς κανένα ίχνος δημοκρατίας. Δεν έχει ενότητα και οι αποφάσεις της δεν βασίζονται στην συγκατάθεση. Είναι η κυριαρχία των λόμπι στην αγνότερη μορφή της.

*

Η κατασκευή της Ευρώπης θα ήταν εύκολη, εάν απλά είχε κάποιος το κουράγιο να σκεφτεί τα πράγματα μέχρι το τέλος τους. Ότι δεν το κάνατε είναι οδυνηρά προφανές.

ΓΕΝΙΑ ΤΗΣ ΤΑΥΤΟΤΗΤΑΣ 53

Θέλουμε λοιπόν να σας πούμε τι πιθανότητες ήταν ανοιχτές για εσάς από την ίδια την αρχή. Θα μπορούσατε να είχατε πάρει τα εξής μονοπάτια:

Θα μπορούσατε να είχατε διατηρήσει την ικανότητα των Ευρωπαϊκών εθνών — κρατών να διατηρούν την κυριαρχία τους και να δημιουργήσετε μια Ευρωπαϊκή κοινή αγορά και μια Ευρωπαϊκή συμμαχία, χωρίς να επιβάλλετε Ευρωπαϊκούς κανονισμούς, κοινό νόμισμα και Ευρωπαϊκό Κοινοβούλιο. Εν συντομία: Θα μπορούσατε να έχετε δημιουργήσει μια Ηνωμένη Ευρώπη, ελεύθερων πατρίδων.

Η άλλη πιθανότητα θα ήταν η δημιουργία μιας Ευρωπαϊκής Πολιτείας. Γενικές, Πανευρωπαϊκές εκλογές και κόμματα και μία πραγματικά Ευρωπαϊκή κυβέρνηση, δηλαδή, μία δυναμική και αποτελεσματική συγκεντρωτική Πολιτεία.

Αυτές ήταν οι δύο επιλογές, κάθε μία με τα πλεονεκτήματα και τα μειονεκτήματά της.

Καταφέρατε να συνδυάσετε τα χειρότερα και από τα δύο.

Κλέψατε τα έθνη-κράτη από τις κυρίαρχες εξουσίες τους, χωρίς να μεταφέρετε αυτές τις εξουσίες σε ένα Ευρωπαϊκό επίπεδο.

Ως εκ τούτου στα έθνη — κράτη δεν επιτρέπεται να αποφασίσουν πολλά πράγματα, που η ίδια η Ευρωπαϊκή Ένωση δεν μπορεί να κάνει, διότι μπορεί να λειτουργεί μόνο με την συναίνεση όλων των μελών κρατών.

Ούτε συνομοσπονδία εθνών, ούτε συγκεντρωτική Πολιτεία, η τωρινή Ευρωπαϊκή Ένωση είναι ένα αποτυχημένο εγχείρημα που θα πρέπει να καταρρεύσει δραματικά εμπρός στην πρώτη ημι-σόβαρη πρόκληση.

*

Πέφτει στους ώμους μας να χτίσουμε, από τα συντρίμμια αυτής της κρίσης, μία νέα και όρθια Ευρώπη. Μία Ευρώπη που αποφασίζει τι θέλει, και δεν είναι το άχρηστο εργαλείο εταιρειών.

Θέλουμε να χτίσουμε την Ευρώπη που αξίζει στην δοξασμένη μας Ήπειρο. Η δική σας Ευρωπαϊκή Ένωση είναι μια προσβολή για εμάς.

Γιατί είμαστε η Γενιά της Ταυτότητας.

19. ΓΙΑ ΤΟΝ ΘΑΝΑΤΟ

Κάποτε οι άνθρωποι πίστευαν ότι ήταν όπως τα φύλλα πάνω σε ένα δέντρο: Δέντρα που μεγάλωναν, άνθιζαν και μια μέρα μαραινόντουσαν, έπεφταν στο έδαφος και με την σειρά τους έτρεφαν το δέντρο. Η ανθρωπότητα πίστευε ότι ήταν μέρος ενός όλου, ένα κλαδί στο δέντρο του κόσμου. Ένα βασικό κομμάτι του αιώνιου υπάρχειν και γίγνεσθαι.

Οι λαοί του κόσμου, εφηύραν τις πιο διαφορετικές θρησκείες, θεούς και φιλοσοφίες για να εκφράσουν αυτή την αρχαία πίστη.

Ήσασταν οι πρώτοι που περιφρόνησαν αυτή την πίστη, ότι όλοι είμαστε μέρη ενός όλου..

Αυτή η θεωρία έμοιαζε άχρηστη για εσάς. Και ακόμη περισσότερο, δεν ταίριαζε στην δικιά σας αντίληψη για ένα άτομο που παίρνει μόνο του όλες τις αποφάσεις του.

Έτσι περάσατε τις ζωές σας, χωρίς να νοιάζεστε για κανέναν άλλον παρά για τους εαυτούς σας.

Και πραγματικά, ξέρατε πώς να ζείτε. Καμία γενιά πριν από εσάς δεν είχε δοκιμάσει όλες τις χαρές της ζωής, όπως το κάνατε εσείς.

Αλλά ξέρετε εσείς, οι μεγάλοι ήρωες της ευχαρίστησης και της υπερβολής, πώς να πεθαίνετε; Μπορείτε να ατσαλώσετε τον εαυτό σας για το τέλος. Τι θα νοιώθετε όταν το κρύο χέρι του θανάτου θα σας ακουμπά;

*

Είμαστε σίγουροι ότι δεν καταλαβαίνετε το νόημα αυτής της ερώτησης. Στην πραγματικότητα, κάποιος δεν μπορεί καν να το περιμένει από εσάς. Έτσι θέλουμε να σας εξηγήσουμε.

Όταν ερχόμαστε στον θάνατο, μόνο δύο πράγματα έχουν σημασία: Πρώτα: Πώς πεθαίνει κάποιος; Και μετά: Για τι;

Ακόμη δεν καταλαβαίνετε την ερώτηση; Ας σας εξηγήσουμε όπως θα κάναμε σε παιδιά. Κάποιος μπορεί να αποδεχτεί τον θάνατο και να το δει ως την αρχή της αιώνιας ζωής και έτσι να περάσει χαρούμενος στο όλον. Κάποιος μπορεί, από την άλλη πλευρά, να υποχωρήσει με μιζέρια, και να προσκολληθεί με όλη του την δύναμη στα τελευταία απομεινάρια της ύπαρξής του, και να επιχειρήσει να συρθεί μέχρι το πικρό τέλος.

Διαλέξατε το τελευταίο με όλη σας την δύναμη. Εμείς όμως, θέλουμε να γλυτώσουμε τους εαυτούς μας από αυτό το αξιολύπητο θέαμα. Ούτε ο τρόπος που ζείτε αλλά ούτε και ο τρόπος που πεθαίνετε μας αρέσει.

Αυτή ήταν το ερώτημα του "πώς". Τώρα θέλουμε να εξηγήσουμε το ερώτημα του για τι θα έπρεπε κάποιος να έχει πεθάνει. Να πεθάνεις για κάτι. Μπορούμε πραγματικά να δούμε πώς αυτή η φράση σας κάνει φανερά εκνευρισμένους. Τίποτε δεν θα μπορούσε να φανεί πιο παράλογο, σε εσάς που πιστεύετε μόνον στις δικές σας ζωές, όσο η ιδέα του να δώσετε αυτή την ζωή για κάτι άλλο.

*

Εμείς δεν θέλουμε να κηρύξουμε ένα ψεύτικο φαταλισμό. Δεν είναι σκοπός μας να πεθάνουμε όσο νωρίτερα δυνατόν, αλλά παρόλα αυτά θα το κάναμε, εάν ήταν απαραίτητο, για συγκεκριμένους σκοπούς.

Αλλά εσείς για τι θα πεθαίνατε; Για τι θα δίνατε την ζωή σας; Μπορείτε να απαντήσετε αυτές τις ερωτήσεις για τους εαυτούς σας; Σκεφτείτε τα ακόλουθα:

Αυτός που δεν έχει κανέναν λόγο να πεθάνει, δεν έχει λόγο για να ζει.

Δεν θέλουμε να πεθάνουμε, αλλά είμαστε έτοιμοι να το κάνουμε. Για την οικογένεια, την πατρίδα, για κάθε τι που μας κάνει αυτό που είμαστε, που χωρίς αυτό δεν θα ήμασταν πια οι εαυτοί μας. Για την ταυτότητά μας. Κατ' αυτόν τον τρόπο, οι ζωές μας δεν περνούν άσκοπα και μάταια. Ως μέρη του όλου, θα ξαναενωθούμε με το όλον για μια ακόμη φορά.

Γιατί είμαστε η γενιά της Ταυτότητας.

20. ΓΙΑ ΤΗΝ ΣΕΞΟΥΑΛΙΚΟΤΗΤΑ

Πραγματικά χρειάζεται πολύ θάρρος για να πλησιάσουμε αυτό το θέμα. Συχνά κατηγορούμαστε, και συχνά σωστά, ότι είμαστε η γενιά της σεξουαλικής ανεκτικότητας. Η γενιά χωρίς αξίες, αρχές ή σχέσεις με νόημα. Ναι! Όλες αυτές οι κατηγορίες είναι δικαιολογημένες. Αλλά είναι μόνον η μία πλευρά του νομίσματος και τελικά όποιος κατηγορεί την νεολαία για έλλειψη σεξουαλικών αναστολών, χωρίς να διαφωτίζει τις αιτίες πίσω από αυτήν, καταλαβαίνει τόσο λίγο την νεολαία όσο και την σεξουαλικότητα.

Απορρίπτουμε την δίχως όριο σεξουαλικότητα, περισσότερο από κάθε άλλη γενιά. Αυτό συμβαίνει επειδή για καμία προηγούμενη γενιά στην ιστορία δεν έχει η αληθινή αγάπη παίξει έναν τόσο σημαντικό ρόλο όσο κάνει για εμάς.

Από όλα τα πράγματα που υποτιμήσατε και καταστρέψατε, μας αφήσατε την αγάπη. Πραγματικά, δεν νοιαστήκατε ποτέ για την αγάπη. Την απεχθανόσασταν και την θεωρούσατε μη — σημαντική. Αλλά ακριβώς γι' αυτό τον λόγο, ποτέ δεν ξεκινήσατε κάποια άμεση επίθεση εναντίον της. Παρέμεινε ζωντανή.

Και έγινε το τελευταίο μας καταφύγιο.

Έτσι εδώ είμαστε σε αυτό τον κόσμο της μοναξιάς και της στιγμιαίας ευτυχίας. Αναζητούμε το πρόσωπο που μπορεί να μας φέρει ασφάλεια. Είναι ο υψηλότερος στόχος μας και η μεγαλύτερη ευτυχία μας το να βρούμε την πραγματική αγάπη.

*

Παρόλα αυτά είμαστε σεξουαλικά αχαλίνωτοι, πίνουμε πολύ και συμβιβαζόμαστε για το δεύτερο καλύτερο. Κανείς δεν υποφέρει περισσότερο από αυτά, από εμάς τους ίδιους.

Δύο δυνατές δυναμικές καίνε μέσα μας — ο πόθος για την αληθινή αγάπη από την μία πλευρά, και η βίαια ζωώδης επιθυμία από την άλλη.

Μόνο πολύ λίγοι, ευτυχισμένοι, ανάμεσά μας πετυχαίνουν το να συνδυάσουν αυτές τις δύο βασικές δυνάμεις μαζί. Η μεγάλη πλειοψηφία όμως, βρίσκει τους εαυτούς τους σε έναν αμείλικτο και ανηλεή αγώνα με τους εαυτούς τους.

Οι συνέπειες της "σεξουαλικής απελευθέρωσης" σας, μας έχουν σε ένα κεφαλοκλείδωμα. Είναι αδύνατον να πας έξω στον κόσμο, για μία ημέρα, χωρίς να σε χαιρετούν ημί-γυμνοι άντρες και γυναίκες. Όλες οι ταινίες, οι διαφημίσεις και τα περιοδικά συνειδητά χειραγωγούν την σεξουαλική επιθυμία. Έτσι συχνά αυτή η επιθυμία δυναμώνει, συχνά σε αντίθεση προς την αγάπη μας. Όταν τελειώνει και η άγρια, ποτισμένη με αλκοόλ νύχτα είναι πίσω μας, μετανιώνουμε ότι έχουμε κάνει. Συχνά λυπόμαστε κιόλας λόγω αυτού.

*

Αυτός ο εσωτερικός αγώνας, τον οποίο ο κάθε ένας από εμάς πρέπει να κερδίσει μόνος του, είναι επίσης κομμάτι της ταυτότητάς μας.

Αλλά το διακηρύσσουμε αποφασιστικά: θέλουμε να τον κερδίσουμε. Ένας μακρύς δρόμος ίσως βρίσκεται μπροστά μας, αλλά στο τέλος η αγάπη μέσα μας θα θριαμβεύσει επί του ζωώδους ενστίκτου. Γιατί είμαστε η γενιά της Ταυτότητας.

21. ΓΙΑ ΤΟΝ ΡΑΤΣΙΣΜΟ

Έχετε λόγο να χαιρόσαστε, καθώς τώρα ερχόμαστε στην λέξη που σας αρέσει να χρησιμοποιήτε περισσότερο από όλες. Και για τους ανθρώπους που μισείτε περισσότερο από όλους. Για τον ρατσισμό και τους ρατσιστές, που διαδίδουν την ρατσιστική τους ιδεολογία με τους πιο ρατσιστικούς τρόπους.

Δεν θέλετε βέβαια να καθορίσετε επακριβώς τι υποτίθεται ότι είναι αυτός ο ρατσισμός. Και γιατί να το θέλετε; Εάν υπήρχε ένας ξεκάθαρος ορισμός, δεν θα μπορούσατε να κατηγορείτε όλους όσους δεν συμπαθείτε ως ρατσιστές.

*

Στο παρελθόν υπήρχαν άνθρωποι που αυτοχαρακτηριζόντουσαν ως ρατσιστές, και καλούσαν για την ταξινόμηση της ανθρωπότητας σύμφωνα με γενετικά χαρακτηριστικά όπως το σχήμα της μύτης και το χρώμα των ματιών.

Σήμερα όμως, κανείς δεν μιλά για κάτι τέτοιο, με μόνη εξαίρεση εσάς.

Κανείς δεν σκέφτεται με αυτούς τους όρους της φυλής πια, αλλά εσείς συνεχίζεται να κυνηγάτε ρατσιστές σαν να είστε δαιμονισμένοι, αφού ισχυρίζεστε ότι βρίσκετε κρυμμένο ρατσισμό παντού.

Όλοι μας απορρίπτουμε τον ρατσισμό. Κανείς, ούτε εμείς ούτε εσείς, δεν επιθυμούμε να καταπιέζονται ή να γίνονται διακρίσεις κατά ανθρώπων, λόγω της γενετικής τους κληρονομιάς.

Εμείς περιορίζουμε τον εαυτό μας να απορρίπτουμε τον ρατσισμό ως τέτοιο. Αλλά εσείς θέλετε να ετεροκαθορίσετε όλους τους πολιτικούς σας αντιπάλους, συμπεριλαμβανομένων και εμάς, ως ρατσιστών.

Η ξεκάθαρη επιβεβαίωση της Ευρωπαϊκής ταυτότητας, πολιτισμού και κληρονομιάς, η θέλησή μας να κρατήσουμε ζωντανή την Ευρώπη και η αποφασιστικότητά μας να μην είμαστε η τελευταία Ευρωπαϊκή γενιά, είναι όλα αγκάθια στο πλευρό σας.

ΓΕΝΙΑ ΤΗΣ ΤΑΥΤΟΤΗΤΑΣ 59

Προσπαθείτε να μας εκδικηθείτε, μεταφράζοντας την επιβεβαίωση της ζωής μας και της Ευρώπης ως ρατσισμό.

*

Αλλά είναι οποιοσδήποτε πιστεύει ότι υπάρχουν διαφορετικοί λαοί, πολιτισμοί και ταυτότητες — και ότι αυτό είναι καλό — πραγματικά ρατσιστής; Δεν θα αφήσουμε αυτή την ταμπέλα να κολλήσει πάνω μας. Εάν συκοφαντείτε κάθε επιβεβαίωση της ταυτότητας κάποιου με κατηγορίες για ρατσισμό, τότε ο καθένας είναι ρατσιστής, πάντα ήταν ρατσιστής και πάντα θα είναι ρατσιστής. Ακόμη και εσείς δεν είστε εξαίρεση σε αυτόν τον κανόνα. Ναι, θα μπορούσαμε μέχρι και να σας κατηγορήσουμε για ρατσισμό. Μόνο με αυτό τον τρόπο θα μπορούσε κανείς να εξηγήσει το παθολογικό σας μίσος για την Ευρώπη. Εμείς όμως δεν είμαστε ρατσιστές. Ούτε μας απασχολεί τόσο πολύ η ράτσα και ο ρατσισμός όσο εσάς. Κάνουμε τις επιλογές μας και διαλέγουμε το μονοπάτι μας με το δικό μας τρόπο, χωρίς να δίνουμε προσοχή στις αβάσιμες κατηγορίες σας. Γιατί είμαστε η γενιά της Ταυτότητας.

22. ΓΙΑ ΤΗΝ ΝΕΑ ΧΡΟΝΙΑ

Σύντομα πυροτεχνήματα θα βάψουν τους ουρανούς με συντριβάνια λαμπερού φωτός που θα γεμίσουν τον κόσμο. Χαράσσοντας τα πύρινα μονοπάτια τους στον ουρανό της νύχτας, χαιρετούν το νέο έτος με εντυπωσιακές εκρήξεις.

Οι Κινέζοι και οι Ινδοί γιορτάζουν τις γεννήσεις των νέων τους, ισχυρών οικονομιών. Το νέο έτος είναι ένα ακόμη που θα τους φέρει πιο κοντά στο χρυσό μέλλον, που αυτοί οι μεγάλοι πολιτισμοί έχουν δικαίως κερδίσει.

Οι Αμερικάνοι εορτάζουν την παγκόσμια κυριαρχία τους, και ελπίζουν να την κρατήσουν για πολύ ακόμη καιρό.

Οι Αφρικανοί γιορτάζουν το μέλλον τους, από την δική τους πλευρά, ο νέος χρόνος μπορεί να είναι μόνον καλύτερος από τον προηγούμενο.

Η Μέση ανατολή εορτάζει τις σκληρές νίκες της και τις επαναστάσεις της και ελπίζει σε περαιτέρω νίκες προς τιμήν και δόξα του θεού της.

*

Αλλά τι θα έπρεπε να εορτάζουν οι Ευρωπαίοι; Τι λόγο έχει η Ευρώπη να κοιτά μπροστά, προς το μέλλον; Τι καλό θα φέρει το νέο έτος στην άρρωστη και ανίσχυρη ήπειρό μας;

Παρόλα αυτά η Ευρώπη γιορτάζει, με όλες τις λάμψεις και το χρώμα του υπόλοιπου κόσμου.

Αλλά οι εορτές μας φαίνονται ψεύτικες και κουρασμένες. Θυμίζουν τα πάρτι γενεθλίων ενός γέρου που απλά χαίρεται που έχει ζήσει για έναν ακόμη χρόνο, αλλά δεν έχει άλλα σχέδια για το μέλλον.

Η Ευρώπη είναι άρρωστη. Δηλητηριασμένη από εσάς και τις ιδεολογίες σας, οι ζωτικές λειτουργίες κλείνουν η μία μετά την άλλη.

Τι μέλλον θα έπρεπε να γιορτάσει ένας πολιτισμός χωρίς παιδιά; Τι έχουν να γιορτάσουν οι λαοί που σύντομα θα είναι μειονότητες στις ίδιες τους τις χώρες;

Παρόλα αυτά, η Ευρώπη γιορτάζει. Όλα γυαλίζουν και καίγονται, και έτσι καταφέρνουμε να φανταστούμε, τουλάχιστον για αυτή την μέρα, ότι η Ήπειρος μας ίσως έχει μέλλον.

*

Γιόρταζαν οι αρχαίοι Ρωμαίοι την νέα χρονιά; Το έκαναν πράγματι! Τις τελευταίες ημέρες της Αυτοκρατορίας — καθώς δεν υπήρχε πραγματική κυβέρνηση, οι Γερμανοί εισέρρεαν και η δύναμη της Πολιτείας υπήρχε μόνον στα χαρτιά — οι Ρωμαίοι έπιναν το κρασί τους, υψώνοντας τα ποτήρια τους για το μέλλον και τον σπουδαίο τους πολιτισμό.

Η ικανότητα να κλείνει κανείς τα μάτια του στις δυσάρεστες πραγματικότητες δεν υπάρχει μόνον σε εσάς! Αλλά εμείς δεν κλείνουμε τα μάτια μας. Αναγνωρίζουμε τα προβλήματα και τις απειλές, και κάνουμε ό,τιδήποτε μπορούμε για να τα αποκρούσουμε. Θέτουμε τα θεμέλια για ένα Ευρωπαϊκό μέλλον. Με τον καιρό θα δώσουμε στην Ευρώπη έναν νέο λόγο για να εορτάσει τον ερχομό του νέου έτους. Εάν υπάρχει κάποιος λόγος για να γιορτάζουμε το νέο έτος και να χαμογελούμε στο μέλλον, είμαστε εμείς. Γιατί είμαστε η γενιά της Ταυτότητας.

23. ΓΙΑ ΤΗΝ ΠΑΡΑΚΜΗ ΚΑΙ ΠΤΩΣΗ ΤΗΣ ΡΩΜΑΙΚΗΣ ΑΥΤΟΚΡΑΤΟΡΙΑΣ

Καθώς οι Βησιγότθοι πέρασαν τον Δούναβη το 376 και διείσδυσαν στα εδάφη της Ανατολής Ρωμαϊκής Αυτοκρατορίας, ο Αυτοκράτορας Ουάλης αντιμετώπιζε μια μοιραία απόφαση. Οι στρατηγοί του τον παρακαλούσαν να μαζέψει τον στρατό και να απωθήσει του Γότθους. Οι πολιτικοί σύμβουλοί του όμως φοβόντουσαν έναν μακρύ και πικρό πόλεμο. Κατά την άποψή τους, οι Βησιγότθοι ήταν μόνον ανυπεράσπιστοι πρόσφυγες που είχαν εκδιωχθεί από τους Ούνους. Έπεισαν τον Ουάλη ότι έπρεπε να δείξει συμπόνοια και να παραχωρήσει στους Γότθους γη μέσα στην Ρωμαϊκή Αυτοκρατορία. Η Αυτοκρατορία είχε πάρα πολύ λίγους στρατιώτες, και έτσι ίσως θα ήταν πολύ έξυπνο το να κερδίσει τους Βησιγότθους ως συμμάχους. Πού ήταν το λάθος με το να τους μαζέψουν όλους; Σε πενήντα χρόνια — ή τουλάχιστον έτσι νόμιζαν — οι Βησιγότθοι θα ήταν εκπολιτισμένοι Ρωμαίοι πολίτες όπως όλοι οι υπόλοιποι. Μόνο το ασυνήθιστα χλωμό δέρμα τους και τα ξανθά μαλλιά θα παρέμεναν ως αναμνήσεις που ήλθαν από έξω.

Έτσι έδωσαν γη στους Βησιγότθους. Μερικά χρόνια πέρασαν και οι Ρωμαίοι συνεχάρησαν τους εαυτούς τους για την λαμπρή τους λύση στο πρόβλημα. Ήπιαν το κρασί τους και άφησαν τους Βησιγότθους να πολεμήσουν γι' αυτούς. Παρόλα αυτά οι Βησιγότθοι με κανέναν τρόπο δεν ενσωματώθηκαν στην Ρωμαϊκή κοινωνία, αλλά μετατράπηκαν σε κράτος εν κράτη. Κατά την πορεία των επόμενων ετών, ακόμη περισσότεροι Γερμανικοί λαοί διέσχισαν τον Δούναβη και ενώθηκαν με τους Βησιγότθους. Η δύναμη της φυλής έγινε τόσο μεγάλη που δεν ακολουθούσε πια τις διαταγές του Αυτοκράτορα.

Όταν ο Αυτοκράτορας Ουάλης κατάλαβε ότι οι Βησιγότθοι ξέφυγαν από τον έλεγχό του, έστειλε τον στρατό του να τους υποτάξει.

ΓΕΝΙΑ ΤΗΣ ΤΑΥΤΟΤΗΤΑΣ 63

Αλλά ήταν ήδη πάρα πολλοί. Οι Ρωμαίοι υποτίμησαν την δύναμη των Βησιγότθων και ηττήθηκαν.

Έτσι αφού έφυγαν υπό την καταδίωξη των Ούνων, η φυλή διέσχισε την αυτοκρατορία δολοφονώντας και λεηλατώντας. Το 410 κατέλαβαν την Ρώμη και τελικά εγκαταστάθηκαν στην Γαλλία. Οι Ούνοι ήταν τώρα ένα πρόβλημα για τους δυτικούς Ρωμαίους.

Αφού επανέκτησαν την δυναμή τους και κέρδισαν μία νίκη επί των Γότθων, οι Ρωμαίοι ήλθαν ξανά αντιμέτωποι με το ίδιο ερώτημα: Πρέπει να συνεχίσουμε την επίθεση και να τους οδηγήσουμε πίσω στην Γερμανία ή να συμμαχήσουμε μαζί τους;

Φοβούμενοι έναν μακρύ πόλεμο, οι Ρωμαίοι πολιτικοί έστειλαν στους Γότθους τεράστιες ποσότητες χρυσού για να τους κερδίσουν ως συμμάχους κατά των Ούννων.

Όταν η Ουννική αυτοκρατορία τελικά κατέρρευσε μετά τον θάνατο του Αττίλα, το Ρωμαϊκό θησαυροφυλάκιο ήταν άδειο. Η επαρχία είχε καταστραφεί ή είχε καταληφθεί από τους Βησιγότθους και άλλες Γερμανικές φυλές.

Λεφτά για νέους στρατιώτες δεν υπήρχαν και παρόλο που η εξωτερική απειλή από τους Ούννους είχε εξαφανιστεί, η Αυτοκρατορία ήταν ακόμη καταδικασμένη να καταρρεύσει. Βάνδαλοι, Αλεμάνοι και Βησιγότθοι ήταν ισχυρά εγκατεστημένοι μέσα στην Αυτοκρατορία και δεν μπορούσαν πια να απομακρυνθούν. Οι Ρωμαίοι τους έστελναν χρυσό για να εξαγοράσουν ειρήνη, αλλά σε κάποιο σημείο τα αποθέματά τους τελείωσαν. Τότε οι Γερμανικές φυλές τελικά κήρυξαν την ανεξαρτησία τους από την Ρώμη και κατέστρεψαν το υπόλοιπο της Δυτικής Αυτοκρατορίας. Το 476, ο τελευταίος Αυτοκράτορας της Ρώμης εκθρονίστηκε

*

Η πτώση της Ρωμαϊκής Αυτοκρατορίας είναι παρόμοια με την διαδικασία που τώρα λαμβάνει χώρα στην Ευρώπη. Θα μιλάμε κάποια μέρα για την παρακμή και την πτώση της Δύσης;

*

Συντετριμμένη και αποδυναμωμένη από τον δεύτερο παγκόσμιο πόλεμο, οι υποτιθέμενα έξυπνοι Ευρωπαίοι πολιτικοί ζήτησαν βοήθεια από το εξωτερικό. Τα σύνορα άνοιξαν για εκατομμύρια μουσουλμάνους, που θα έπρεπε να δώσουν νέα ζωή σε μία Ευρώπη με μειούμενους ρυθμούς γεννήσεως και να επιτρέψουν στην Ευρώπη να συναγωνιστεί οικονομικά τις ΗΠΑ και την Σοβιετική Ένωση και αργότερα τις ανερχόμενες δυνάμεις της Κίνας και της Ινδίας. Οι Μουσουλμάνοι παρόλα αυτά, δεν ενσωματώθηκαν αλλά δημιούργησαν παράλληλες κοινωνίες. Έκαναν σημαντικά περισσότερα παιδιά από τους Ευρωπαίους. Οι αριθμοί τους αυξήθηκαν δίχως παύση μέσω των νέων γεννήσεων και την συνεχόμενη μετανάστευση.

Οι πολιτικοί προσπάθησαν να τους κρατήσουν ήσυχους με δωροδοκίες από το κοινωνικό κράτος, αλλά στην πορεία μίας συντριπτικής οικονομικής κρίσης, οι οικονομίες τους τελείωσαν. Η Ευρώπη έπρεπε να αρχίσει να κάνει περικοπές και έτσι άρχισε η αναταραχή μεταξύ των μεταναστών, πρώτα το 2005 στο Παρίσι, μετά το 2011 αρχίζοντας από το Λονδίνο και επεκτεινόμενες σε όλη την Αγγλία.

Ο αριθμός των Μουσουλμάνων συνέχισε να μεγαλώνει και σε ένα συγκεκριμένο σημείο άρχισαν να κυριαρχούν στην Πολιτεία και την κοινωνία. Όταν οι Ευρωπαίοι τελικά επιχείρησαν να ξεσηκωθούν εναντίον τους, η επανάστασή τους καταστάλθηκε. Οι Ευρωπαίοι έχοντας γεράσει και γίνει αδύναμοι δεν είχαν τίποτε με το οποίο να αντιταχθούν στους νέους και ισχυρούς μουσουλμάνους. Ο Δυτικός πολιτισμός διαλύθηκε και νέες μουσουλμανικές αυτοκρατορίες ανεδύθησαν στις πρώην περιοχές του.

*

Μπορούμε ακόμη να εμποδίσουμε αυτό το μέλλον. Μπορούμε να φέρουμε μια αλλαγή των γεγονότων. Αλλά μπορούμε να το κάνουμε αυτό μόνο εάν ειλικρινώς και ανηλεώς παραδεχθούμε στους εαυτούς μας το είδος της κατάστασης που αντιμετωπίζουμε.

Έχουμε το κουράγιο να το κάνουμε αυτό. Με το παράδειγμα των Ρωμαίων πριν από εμάς, ξέρουμε ότι θα χρειαστεί να πολεμήσουμε για την ταυτότητά μας.

Η μοίρα της Ευρώπης δεν έχει ακόμη σφραγιστεί και εμείς οι ίδιοι θα γράψουμε την ιστορία μας.

Γιατί είμαστε η γενιά της Ταυτότητας.

24. ΓΙΑ ΤΟ ΙΣΛΑΜ

Καμία δύναμη στον κόσμο δεν παρουσιάζει μεγαλύτερο πρόβλημα στο "χειραφετημένο" παγκόσμιο χωριό σας από το Ισλάμ.

Η Ανατολή στράφηκε εναντίον σας με όλη της την δύναμη και την ισχύ και προκάλεσε την Δύση.

Οι Μουσουλμάνοι αντιτέθηκαν στην φανατική και τυφλή ιδεολογία σας με μία εξίσου φανατική θρησκεία, το πολιτικό Ισλάμ.

Πιστεύατε ότι φέρνοντάς σας το μήνυμα σας στην Ανατολή και τον μουσουλμανικό κόσμο, θα σας χαιρετούσαν ως αγγέλους καλών ειδήσεων. Πιστεύατε ότι θα φέρνατε τους Μουσουλμάνους στην Ευρώπη, προκειμένου να τους "διαφωτίσετε" και να τους "εκπαιδεύσετε".

Ήσασταν πεπεισμένοι ότι οι Μουσουλμάνοι θα εκσυγχρονιζόντουσαν και αναδιαμόρφωναν την θρησκεία τους. Αλλά έκαναν το ακριβώς αντίθετο.

Όσο πιο "δίκαια" διαδίδατε το ευαγγέλιο της δημοκρατίας και των ανθρωπίνων δικαιωμάτων, τόσο πιο ισχυρή γινόταν η αντίσταση εναντίον σας. Όσο περισσότερο οι μουσουλμάνοι μάθαιναν την απελευθερωμένη κοινωνία σας, τόσο πιο πολύ την απέρριπταν.

Δεν αναμόρφωσαν το Ισλάμ. Το ριζοσπαστικοποίησαν.

Σήμερα εκατομμύρια μουσουλμάνοι ζουν στην Ευρώπη και γελούν με την ιδεολογία σας, περιφρονώντας την. Ακόμη ελπίζετε να τους κερδίσετε. Αυτό το αποκαλείτε ενσωμάτωση. Είναι όμως καιρός να αναγνωρίσετε ένα πράγμα: Οι υπερήφανοι μουσουλμάνοι της Ανατολής ποτέ δεν θα αποδεχθούν τα πιστεύω και τις θεωρίες σας.

Αυτό θα σήμαινε ότι θα έπρεπε να παρατήσουν τις ταυτότητες τους.

Και είναι μακράν του να πράξουν κάτι τέτοιο.

*

Στην πραγματικότητα συμβαίνει το ακριβώς αντίθετο. Εδώ και κάποιο καιρό, οι πιο ριζοσπάστες από τους μουσουλμάνους, γνωστοί και ως Σαλαφιστές, έχουν περάσει σε μια επιθετική αντεπίθεση.

Προσηλυτίζουν στην καρδιά της Ευρώπης. Ανάμεσα στους ξεριζωμένους και αποπροσανατολισμούς, υπάρχουν λίγοι οι οποίοι προφανώς βρίσκουν στο Ισλάμ μία άγκυρα στην καταιγίδα.

Έτσι ακριβώς αυτές οι δύο φανατικές ιδεολογίες αντιμετωπίζουν η μία την άλλη, σε μάχη: το πολιτικό Ισλάμ εναντίον της ιδεολογίας της γενιάς του '68. Αμοιβαία κατηγορούν ο ένας τον άλλος ότι είναι η ενσάρκωση του απόλυτου κακού. Εμείς, η γενιά της Ταυτότητας στεκόμαστε μέσα στα διασταυρούμενα πυρά αυτής της μάχης.

*

Δεν διαπράττουμε το λάθος πολλών συντηρητικών που διακηρύσσουν το Ισλάμ ως τον απόλυτο εχθρό τους. Δεν πιστεύουμε ότι θα έπρεπε κάποιος να προσπαθήσει να προσηλυτίσει τους μουσουλμάνους στις αυτοαποκαλούμενες "Δυτικές αξίες" — ακριβώς το αντίθετο. Δεν θέλουμε ούτε να αναστατώσουμε την ταυτότητα των μουσουλμάνων, ούτε θέλουμε να ξεκινήσουμε σταυροφορίες κατά της Ανατολής όπως κάνατε εσείς.

Δεν καταδικάζουμε ούτε τους μουσουλμάνους, ούτε το Ισλάμ. Εδώ είμαστε χίλιες φορές πιο ανεκτικοί από ότι ήσασταν ποτέ εσείς. Δεν μισούμε ούτε δαιμονοποιούμε. Δεν ισχυριζόμαστε ότι έχουμε βρει την απόλυτη αλήθεια, αλλά αναγνωρίζουμε τις μοναδικές και νόμιμες αλήθειες κάθε ενός ξεχωριστού πολιτισμού.

Η παρουσία εκατομμυρίων μουσουλμάνων στην Ευρώπη, αντιπροσωπεύει μία συνεχή απειλή για την ειρήνη της Ηπείρου μας. Όχι επειδή οι Μουσουλμάνοι είναι η ενσάρκωση του αγνού κακού, αλλά επειδή η πολυπολιτισμική σας κοινωνία δεν δουλεύει.

*

Το ερώτημα του Ισλάμ είναι ένα από τα μεγαλύτερα ερωτήματα της εποχής μας. Θα το απαντήσουμε και θα επιτύχουμε εκεί που εσείς πάντα αποτυγχάνετε. Θα βρούμε κάποια λύση.
Γιατί είμαστε η γενιά της Ταυτότητας.

25. ΓΙΑ ΤΟ ΣΩΜΑ ΚΑΙ ΤΟ ΜΥΑΛΟ

Για αιώνες, όλες οι φιλοσοφίες και οι θρησκείες δίδασκαν την ενότητα του σώματος και του μυαλού. Αυτός που επιζητά να πατήσει νέες πνευματικές κορυφές, πρέπει επίσης να διατηρεί το σώμα του υγιές και αγνό, έλεγαν οι διδασκαλίες. Αλλά εσείς καταργήσατε αυτή την ενότητα. Περιφρονήσατε την φυσική υγεία και μας εξηγήσατε ότι η φυσική επιθυμία για ένα υγιές και δυνατό σώμα ήταν μόνο ένα κόλπο της διαφήμισης και των περιοδικών μόδας. Αυτός ο τρόπος σκέψης, υποτίθεται ότι ήταν παλιομοδίτικος, ο καθένας θα έπρεπε να είναι ικανοποιημένος με το πώς είναι. Με αυτά τα όμορφα λόγια μας διαφθείρατε, εμάς τα παιδιά σας.

*

Πεταμένοι σε έναν κόσμο υπερβολής, η γενιά μας έχει χάσει το νόημα του τι σημαίνει να πολεμάς. Εσείς οι ίδιοι δεν θεωρήσατε απαραίτητο το να μας μεγαλώσετε έτσι ώστε να είμαστε σκληροί, ούτε να είμαστε σκληροί με τους εαυτούς μας.

Σαν συνέπεια γίναμε μαλακοί και μαλθακοί. Πολλοί από εμάς ήταν ήδη υπέρβαροι και τεμπέληδες σαν παιδιά, αλλά αντί να βοηθήσετε αυτά τα παιδιά, αθλούμενοι μαζί τους και δειχνοντάς τους την ομορφιά της φυσικής ακμής, τα κάνατε να πιστεύουν ότι το να δηλητηριάζουν τα ίδια τους τα σώματα ήταν θεμιτό.

Τους δώσατε το δηλητήριο με ένα ασημένιο κουτάλι. Πιστεύοντας ειλικρινά ότι κάνατε κάτι καλό για τα παιδιά σας, τους φέρατε την μεγαλύτερη δυστυχία. Όπως ακριβώς ένα σκυλί στο οποίο δεν επιτρέπεται να τρέχει ή ένας αετός που εμποδίζεται από το να πετάξει, ένας άνθρωπος που δεν χρησιμοποιεί το σώμα του, δεν μπορεί ποτέ να είναι ικανοποιημένος.

Πολλοί από εμάς έχουμε αναγνωρίσει ότι το να αμελούμε το σώμα και τον αθλητισμό μας έχει κάνει άρρωστους και ότι αυτό το παχυντικό φαγητό, τα ζαχαρώδη σνακ και η ασταμάτητη τηλεόραση μας αφήνουν ακόμη πιο άρρωστους.

Με την αποφασιστικότητά μας να ξεπεράσουμε τις παράλογες ιδέες σας, ανακατασκευάσαμε την ενότητα του σώματος και του μυαλού. Θέλουμε να είμαστε δυνατοί και χαρούμενοι. Θέλουμε να βιώσουμε τον κόσμο μέσω του ιδρώτα και αδηφάγες αναπνοές φρέσκου αέρα, όχι να μας παρουσιάζεται στον καναπέ.

*

Θέλουμε να βουτήξουμε σε παγωμένα ποτάμια, να σκαρφαλώσουμε τα ψηλότερα βουνά και να τρέξουμε μέχρι οι δυνάμεις μας να μας εγκαταλείψουν.

Γιατί είμαστε η γενιά της Ταυτότητας.

26. ΓΙΑ ΤΗΝ ΕΛΕΥΘΕΡΙΑ

Η Ελευθερία είναι το μεγαλύτερο αγαθό στην Ευρωπαϊκή σκέψη. Πολεμήσαμε πολέμους, ξεκινήσαμε επαναστάσεις και ανατρέψαμε βασιλιάδες και δικτάτορες για την ελευθερία. Εκτελεστήκαμε για την ελευθερία και χύσαμε το αίμα μας στο όνομά της. Μας μέθυσε και μας έδωσε το κουράγιο να διαπράξουμε μεγάλα κατορθώματα. Γιατί η ελευθερία είναι η πιο παθιασμένη αγάπη μας. Τίποτε άλλο δεν μας έχει μαγέψει τόσο πολύ.

*

Αλλά την καταχρασθήκατε. Ατιμάσατε το όνομά της και ζωγραφίσατε το καταστροφικό σας έργο ως την θέλησή της. Πραγματικά πιστεύατε πως υπερασπιζόσασταν την ελευθερία. Αλλά δεν ξέρατε τίποτε γι' αυτήν.

Καταστρέψατε την οικογένεια, τον πολιτισμό, την πατρίδα, την παράδοση, τα φύλα και χίλια άλλα πράγματα. Κόψατε όλους τους δεσμούς σας με αυτά, προκειμένου να είστε "ελεύθεροι". Και τώρα είστε. Αλλά είναι αδύνατον για εσάς να κατανοήσετε ότι εμείς, τα παιδιά σας, εκούσια στρεφόμαστε προς τους δεσμούς που κόψατε.

*

Αναγνωρίσαμε ότι η ερώτησή σας ήταν λανθασμένη από την ίδια την αρχή. "Ελεύθεροι από τι;" ρωτήσατε. Η απάντησή σας ήταν "Ελεύθεροι από τα πάντα!" Και έτσι σταθήκατε μόνοι στο τέλος.

Αλλά εμείς ρωτάμε "Ελεύθεροι για τι;" Και η απάντησή μας είναι "Ελεύθεροι να βρούμε τον δρόμο πίσω στους εαυτούς μας".

Στην πρώτη ευκαιρία ρωτάμε τους εαυτούς μας: "Τι θέλουμε να κάνουμε; Σε τι πιστεύουμε; Και για τι πολεμάμε;" Μόνο όταν έχουμε προσδιορίσει τους στόχους μας μπορούμε να αναγνωρίσουμε τι μας κρατά πίσω και από τι πρέπει να ελευθερώσουμε τους εαυτούς μας;

Έτσι φτάσαμε σε μία απόφαση:

Θέλουμε την ταυτότητά μας πίσω. Θέλουμε πίσω όλα όσα καταστρέψατε. Αλλά εσείς, οι ιδέες σας, οι κατηγορίες και η κριτική σας, στέκεστε ανάμεσα σε εμάς και την ταυτοτητά μας. Δηλητηριάσατε την Ευρώπη, την κάνατε ανάπηρη και της κλέψατε την θελησή της να ζεί. Αλλά εμείς θα φέρουμε την Ευρώπη πίσω στην υγειά της. Θα φέρουμε στην Ευρώπη ελευθερία, πραγματική ελευθερία. Ελευθερία από εσάς.

Γιατί είμαστε η γενιά της ταυτότητας.

27. ΓΙΑ ΤΟΝ ΕΘΝΟΠΛΟΥΡΑΛΙΣΜΟ

Από την αυγή της ιστορίας, η ανθρωπότητα συντίθεται από αμέτρητους πολιτισμούς, λαούς και φύλα. Κάθε ένα από αυτά έχει αναπτύξει τον δικό του τρόπο ζωής και έναν εντελώς μοναδικό τρόπο για να βλέπει τον κόσμο. Οι ιθαγενείς Αμερικάνοι παλεύουν για ενότητα με την φύση. Οι Ιάπωνες θεωρούν την τιμή ως την υψηλότερη αξία τους. Η κίνηση προς την ελευθερία σημαδεύει τους Ευρωπαίους. Ποιος θα ήθελε να αναγκάσει όλους αυτούς τους λαούς και πολιτιστικά περιβάλλοντα σε χωνευτήρι; Ποιος θα αρνιόταν ότι διαφέρουν θεμελιωδώς και ότι αυτές οι διαφορές είναι καλές;

Η διατήρηση της πολιτιστικής ποικιλότητας η διαβεβαίωση για την πιο ειρηνική πιθανή συνύπαρξη, πάντα ήταν το κυριότερο καθήκον της γενιάς μας. Βαθιά μέσα στην καρδιά μας καίει η επιθυμία να αφήσουμε το μίσος πίσω μας. Θέλουμε να επισκεφθούμε άλλους τόπους και λαούς, να τους γνωρίσουμε και να αγαπήσουμε τα μοναδικά χαρακτηριστικά τους και να αποφύγουμε τις συγκρούσεις μέσω της καλύτερης κατανόησης της προοπτικής των άλλων πολιτισμών. Εμείς, σε αντίθεση από εσάς, δεν έχουμε εξωγήινες φαντασιώσεις γι' αυτό. Η ειρήνη ανάμεσα στους λαούς του κόσμου, είναι πολύ σημαντική για να χτιστεί πάνω σε ευσεβείς πόθους.

Αυτός που πιστεύει ότι μπορεί να ενώσει όλες τις κουλτούρες σε πολυπολιτισμικές κοινωνίες, δεν εξυπηρετεί την ειρήνη, αλλά θέτει τα θεμέλια για ένα μέλλον πολέμου και μίσους.

*

Όπως ακριβώς κάθε άτομο χρειάζεται το δικό του προσωπικό χώρο, έτσι και κάθε πολιτισμός χρειάζεται το δικό του χώρο στον οποίο μπορεί να εξελιχθεί και να δομήσει την καθημερινότητα σύμφωνα με τον δικό του τρόπο.

Αυτός ο οποίος οδηγεί όλους τους πολιτισμούς και τους λαούς μαζί σε μία περιοχή θα προκαλέσει τους πιο αιματηρούς πολέμους μακροπρόθεσμα. Μόνο κατανοώντας αυτό μπορούν να εξηγηθούν οι δολοφονικοί πόλεμοι στα Βαλκάνια ή οι ατελείωτοι πόλεμοι στην Μέση Ανατολή.. Τα αντίθετα όταν τοποθετούνται σε κοντινή απόσταση το ένα με το άλλο πάντα οδηγούν σε σύγκρουση. Αυτός ο κανόνας επίσης ισχύει για την Ευρώπη και την μαζική μετανάστευση των Μουσουλμάνων. Η Ιστορία θα μας δείξει για μία ακόμη φορά ότι θα ήταν πολύ πιο ειρηνικό το να στείλουμε τους μετανάστες σπίτι τους από το να τους αφήσουμε να μείνουν. Και ότι κάνοντας το δεύτερο ετοιμάζουμε το σκηνικό για μία συνεχή σύγκρουση.

*

Αλλά ποτέ δεν καταλάβατε την ουσία της ταυτότητας και του πολιτισμού. Ποτέ δεν καταλάβατε ότι οι άνθρωποι χρειάζονται χώρο για να βιώσουν τις ταυτότητες τους. Ότι κατηγορηματικά τον θέλουν και τον χρειάζονται και θα τον φτιάξουν για τους εαυτούς τους εάν δεν έχουν άλλη επιλογή.

Γι' αυτό είναι που οι επιθυμίες αμέτρητων ανθρώπων για τις δικές τους περιοχές προκαλούν εντάσεις και συγκρούσεις στην Ευρώπη και μία μέρα θα οδηγήσουν ξανά σε πικρές διαμάχες.

Εμείς όμως, έχουμε καταλάβει την ουσία της ταυτότητας και του πολιτισμού και θα δράσουμε σύμφωνα με αυτή την κατανόηση. Η πολιτική μας δεν θα καθορίζεται από ψευδαισθήσεις αλλά από τα αποδεδειγμένα γεγονότα της πραγματικότητας. Αποδεχόμαστε με σεβασμό τον πόθο για την ταυτότητα και το δικαίωμα του κάθε πολιτισμού στον χώρο του.

Γιατί είμαστε η Γενιά της Ταυτότητας.

28. ΓΙΑ ΤΗΝ ΥΠΕΥΘΥΝΟΤΗΤΑ

Όπως ένας γιατρός έχει ευθύνη έναντι των ασθενών του, ένας δάσκαλος έναντι των μαθητών του, και ένας γονέας έναντι των παιδιών του, έτσι και εμείς, η γενιά της Ταυτότητας, έχουμε ευθύνη έναντι της Ιστορίας.
Και λέμε αυτό εννοώντας, αυτούς που θα έλθουν μετά από εμάς.
Αυτός που επιζητά την εξουσία θα πρέπει πάντα να δίνει λογαριασμό για την υπεύθυνη χρήση της εξουσίας του.

*

Θέλατε να αποφύγετε αυτή την υπευθυνότητα. Θεωρούσατε τους εαυτούς σας περιορισμένους. Έτσι πετάξατε στην άκρη την ευθύνη, μαζί με την διορατικότητα, προκειμένου να πειραματιστείτε με την Ευρώπη και το μέλλον των παιδιών σας.
Δεν πιστεύετε στον Θεό, τα παιδιά σας δεν είναι παράγοντας στους υπολογισμούς σας και δεν σας νοιάζει για την Ευρώπη.
Παρόλα αυτά δεν μπορείτε να ξεφύγετε από την ιστορική σας υπευθυνότητα. Σκεφτείτε το ακόλουθο: Η Ιστορία είναι ένας ανηλεής δικαστής.
Θα σας καταδικάσει γιατί είσαστε αυτοί που οδηγήσατε την Ευρώπη στο χείλος της ολοκληρωτικής καταστροφής. Θα θυμηθεί ότι μόνο η αποφασιστικότητα και η διορατικότητα των παιδιών σας τράβηξε την Ευρώπη από την άβυσσο.
Εμείς, η Γενιά της Ταυτότητας, απαιτούμε ένα μέλλον για την Ευρώπη. Και θα δώσουμε στην Ευρώπη ένα μέλλον. Αλλά αυτό το μέλλον θα απαιτήσει από εμάς ζωές συνεχούς αγώνα. Θα είναι γεμάτο με συγκρούσεις και μάχες που ποτέ δεν ήταν αναγκαίες εάν είχατε δράσει με υπευθυνότητα.

*

Μπορεί να αναρωτηθείτε πώς αμαρτήσατε; Ποια ήταν τα εγκλήματά σας;

Προκαλέσατε αμέτρητες και τρομερές πληγές στον πλανήτη μας. Πληγές που θα πρέπει να επιδέσουμε και να γιατρέψουμε με την μεγαλύτερη φροντίδα.

Επιτρέψατε μία άνευ προηγουμένου δημογραφική κατάρρευση και έτσι θα χρειαστεί να συγκεντρώσουμε τεράστια ποσά για τις συντάξεις σας. Επιτρέψατε, ή ακόμη και προωθήσατε την μαζική μετανάστευση, και έτσι θα χρειαστεί να παλέψουμε για το δικαίωμα σε μια δική μας ήπειρο μία μέρα.

Αυτή είναι η κλωστή από την οποία υφαίνονται οι μάχες και οι συγκρούσεις του μέλλοντος. Αυτό είναι το βάρος που μεταβιβάσατε σε εμάς, τα παιδιά σας.

Μπορούμε μόνον να ελπίζουμε ότι αυτό το βάρος δεν θα γίνει μεγαλύτερο.

*

Εμείς έχουμε συνείδηση της ευθύνης μας έναντι της ιστορίας. Θέλουμε να μεταβιβάσουμε την Ευρώπη στα παιδιά μας σε καλύτερη κατάσταση από ότι την βρήκαμε. Θέλουμε γι' αυτά να μπορούν να ζουν ελεύθερα, χωρίς τις ανησυχίες που εμείς κουβαλάμε.

Για να πετύχουμε αυτό τον σκοπό, θα σας απαλλάξουμε από όλα σας τα καθήκοντα και τις εξουσίες. Η πολιτική σας είναι μαχαίρι στις καρδιές μας, γιατί κάνει κακό στην Ευρώπη.

Γι' αυτό τον λόγο πασχίζουμε για πολιτική και πνευματική εξουσία. Επιδιώκουμε την Μεγάλη Πολιτική. Αλλά σε αντίθεση με εσάς, δεν φοβόμαστε να αναλάβουμε τις ευθύνες μας. Θα αναλάβουμε τόσο την δύναμη όσο και την ευθύνη για το καλό της Ευρώπης.

Γιατί είμαστε η γενιά της Ταυτότητας.

29. ΓΙΑ ΤΟΝ ΠΑΓΚΟΣΜΙΟΠΟΙΗΜΕΝΟ ΚΟΣΜΟ

Πραγματικά ζούμε σε έναν κόσμο που κινείται γρήγορα. Σε έναν κόσμο, όπου οι επιστημονικές ανακαλύψεις πολλαπλασιάζονται με τρομακτικό ρυθμό, όπου η μία τεχνολογική επανάσταση διαδέχεται την άλλη και η παγκόσμια οικονομία μεταμορφώνεται πέρα από κάθε αναγνώριση. Αυτό που κάποτε κρατούσε χρόνια και δεκαετίες τώρα λαμβάνει χώρα σε μέρες ή ώρες.

Μπαίνουμε σε μία νέα εποχή, μια εποχή μεγαλύτερης εγγύτητας και επαφής σε όλο τον κόσμο. Μία εποχή όπου οι μεγάλοι πολιτισμοί συγκρούονται με μεγαλύτερη δύναμη, από ότι σε ολόκληρη την Ιστορία. Λαοί που δεν ήξεραν τίποτε ο ένας για τον άλλον, συναντιούνται τώρα σε καθημερινή βάση.

Αυτό δεν είναι αναγκαστικά κάτι καλό.

Γιατί η παγκοσμιοποίηση είναι μία λεπίδα που κόβει και από τις δύο πλευρές.

Αυτό μας προσφέρει προηγουμένως αδιανόητες πιθανότητες και ευκαιρία. Αλλά ακόμη και εάν ελέγχεται και γίνεται καλή διαχείριση, ακόμη υποκρύπτει προηγουμένως άγνωστους κινδύνους.

*

Καθ' όλη την διάρκεια της ανθρώπινης ιστορίας, κάθε πολιτισμός ζούσε στην δική του σφαίρα, χωρίς να έχει πολύ επαφή με τους υπόλοιπους.

Στην πιο πρόσφατη ιστορία μας, οι πολιτισμοί του κόσμου ζούσαν υπό την δυτική κυριαρχία.

Αυτή η εποχή, όμως, πλησιάζει στο τέλος της. Ένας πλουραλισμός πολιτισμών, κάθε ένας ο άξιος ομόλογος του άλλου, έχουν παρουσιαστεί στην παγκόσμια σκηνή. Πολλοί από αυτούς έχουν ισχυρούς στρατούς, ισχυρές οικονομίας και μερικοί από αυτούς έχουν αρκετά πυρηνικά όπλα για να προκαλέσουν μία αποκάλυψη.

Πρέπει όλοι να είμαστε προσεκτικοί σε αυτή την νέα εποχή. Δεν μπορούμε να προσπαθήσουμε να επιβάλλουμε την δική μας ενόραση του κόσμου, στους άλλους από ματαιότητα, πια.

Η εποχή ξεκάθαρα καλεί για σκέψη και σεβασμό για τις ταυτότητες των άλλων πολιτισμών και θρησκειών. Πάνω από όλα, η Δύση έχει μερικά μαθήματα να μάθει εν προκειμένω.

*

Αλλά με το τέλος της δύναμής σας, η Ευρώπη επίσης θα προσαρμοστεί. Θα αφήσει πίσω την αλαζονεία της και θα ενσωματωθεί στην νέα παγκόσμια κοινωνία. Αυτή την φορά χωρίς συνταγές για το πώς θα πρέπει να ζει ο υπόλοιπος κόσμος.

Αυτή είναι η εξωτερική μας πολιτική.

Σε αντίθεση με εσάς, εμείς αναγνωρίζουμε την αναγκαιότητα να υπάρχει εκτίμηση και σεβασμός για τους άλλους πολιτισμούς με τους δικούς τους όρους, όχι την ομογενοποίηση του πολυπολιτισμού. Παρομοίως αναγνωρίζουμε την ανάγκη για καθαρά σύνορα και γεωγραφικό διαχωρισμό, προς το συμφέρον της παγκόσμιας ειρήνης.

*

Ως εκ τούτου, επιβεβαιώνουμε τα ακόλουθα:

Κίνα, μπορείς να ζήσεις όπως επιθυμείς, είτε σε δικτατορία είτε σε δημοκρατία ή μία εντελώς διαφορετική μορφή διακυβέρνησης. Δεν μπορούμε εμείς να σε κρίνουμε. Θα σεβαστούμε, σε κάθε περίπτωση, τον ευγενή πολιτισμό σου.

Μουσουλμάνοι, ζήστε όπως επιθυμείτε. Επιβάλλετε την Σαρία, ή μην το κάνετε. Έχετε το δικαίωμα να κάνετε ο,τιδήποτε θεωρείτε σωστό για τις χώρες και τον πολιτισμό σας. Ο καιρός των "απελευθερωτικών πολέμων" έχει περάσει. Ας είμαστε φίλοι στο μέλλον.

Στους Αφρικανούς: Οι καιροί κατά τους οποίους σας κλέβαμε την ανεξάρτητη φωνή σας, πρέπει επιτέλους να τελειώσουν. Δεν θα σας προσφέρουμε πια υποκριτική "βοήθεια". Δεν θα προσπαθούμε πια να χτίσουμε τις πολιτείες σας, σύμφωνα με τα μοντέλα μας. Θα αποχωρήσουμε και θα αφήσουμε την Αφρική να είναι Αφρική. Θα σας δώσουμε την ευκαιρία να λύσετε τα προβλήματά σας μόνοι σας, γιατί έχετε την δύναμη να το κάνετε.

*

Αυτοί είναι οι όρκοι μας για σεβασμό και εκτίμηση. Ζητούμε τα ακόλουθα από τους άλλους πολιτισμούς: Όπως αποδεχόμαστε την ταυτότητά σας, περιμένουμε να αποδεχτείτε την δικιά μας. Ανακαλέστε τους προσηλυτιστές σας. Σταματήστε να επιβάλλετε τον τρόπο σας στο Ευρωπαϊκό έδαφος. Θέλουμε όλοι να ζήσουμε μαζί με ένα κλίμα αμοιβαίου σεβασμού. Η εποχή των γονέων μας τελείωσε. Ο καιρός στον οποίο η Ευρώπη ήθελε να σας πει πώς να ζείτε, έχει φτάσει στο τέλος της. Το ίδιο συμβαίνει και με τον καιρό στον οι Ευρωπαίοι δεν ενδιαφερόντουσαν για τις ίδιες τις πατρίδες τους. Στην εποχή που αρχίζει τώρα, ο κόσμος ίσως να μην είναι ενωμένος, αλλά σίγουρα θα σημαδευτεί από αμοιβαίο σεβασμό.

Αυτή είναι η εποχή της Γενιάς της Ταυτότητας.

30. ΓΙΑ ΑΥΤΟΥΣ ΠΟΥ ΑΠΕΔΡΑΣΑΝ

Ο κόσμος, όπως παρουσιάζει τον εαυτό του σε εμάς, είναι άδειος και κρύος. Οι κοινότητες του έχουν διαλυθεί. Αυτό που παραμένει είναι άτομα που τρέχουν σαν τρελά μπρος και πίσω στην υπηρεσία της παγκόσμιας οικονομίας.

Δεν προκαλεί ως εκ τούτου έκπληξη το ότι πολλοί από εμάς δραπετεύουν σε έναν άλλο, πολύ πιο ευχάριστο κόσμο — αυτόν των υπολογιστών και των παιχνιδομηχανών.

Εκεί βρίσκει κανείς αυτό που πια δεν υπάρχει στον πραγματικό κόσμο — μία κοινότητα στην οποία να ανήκεις, αλληλεγγύη, μεγάλα ηρωικά κατορθώματα, αυθεντική ιπποσύνη και πραγματική αγάπη.

Στην πραγματικότητα, τα παιχνίδια στον υπολογιστή, είναι για πολλούς από εμάς, η τελευταία ευκαιρία να πραγματοποιήσουν με κάποιον τρόπο ηρωικά κατορθώματα, να βιώσουν επικές μάχες, να επιτύχουν την νίκη στην μάχη και να ξεπεράσουν την ήττα..

Γι' αυτό πολλοί από εμάς επιλέγουν αυτό το μονοπάτι, και μερικοί μέχρι και ξεχνούν τις πραγματικές τους ζωές για χάρη του. Δεν θέλουν να γυρίσουν πίσω στον κρύο, αναίσθητο κόσμο που έχετε δημιουργήσει μέσα στον οποίο τους έχετε αναγκάσει να ζουν.

Δεν έχετε τίποτε παρά περιφρόνηση για την συμπεριφορά τους και θέλετε να τους αναγκάσετε να επιστρέψουν πίσω στην δική σας πραγματικότητα. Αλλά αυτοί δραπετεύουν από εσάς.

Εμείς όμως, κατανοούμε τα αδέλφια και τις αδελφές μας. Ξέρουμε γιατί τρέχουν, γιατί δεν θέλουν να έχουν τίποτε να κάνουν πια με αυτόν τον κόσμο, με τον κόσμο σας.

Έτσι τους λέμε:
Ελάτε σε εμάς αδέλφια και αδελφές! Σε αυτή την ζωή υπάρχουν ακόμη μάχες και αγώνες για να κερδηθούν. Χρειαζόμαστε την επιθυμία σας για δράση και το πάθος σας, προκειμένου να νικήσουμε τους γονείς μας..

Ας τελειώσουμε μαζί την κυριαρχία του τρόμου τους. Ας ενωθούμε μεταξύ μας, μπαίνοντας στην νέα εποχή. Ας χτίσουμε έναν νέο κόσμο μαζί. Έναν κόσμο όπου κανείς δεν θα χρειάζεται να τρέχει πια. Έναν κόσμο όπου θα υπάρχουν αυθεντικές αξίες και πραγματική φιλία. Έναν κόσμο κοινότητας και αλληλεγγύης. Ελάτε σε εμάς αδέλφια και αδελφές. Ενωθείτε μαζί μας στον αγώνα κατά της γενιάς του '68. Υπερασπιστείτε τον εαυτό σας με όλη σας την δύναμη. Ενωθείτε μαζί μας για να επανακτήσουμε την κληρονομιά, την χώρα και την ταυτότητά μας.

Ελάτε πίσω αδέλφια και αδελφές. Γιατί πρέπει να είμαστε όλοι μαζί. Είμαστε όλοι η Γενιά της Ταυτότητας.

31. ΓΙΑ ΤΟ ΠΝΕΥΜΑ ΤΗΣ ΕΠΟΧΗΣ (ZEITGEIST)

Σε ολόκληρην την Ευρώπη, οι ιδέες και οι προσδοκίες σας σχηματίζουν την κυρίαρχη ιδεολογία. Νόμοι περνούν σύμφωνα με τα σχέδιά σας και η ουδετεροποιημένη, πολυπολιτισμική κοινωνία σας έγινε πραγματικότητα. Η θέλησή σας έγινε πραγματικότητα. Πώς φτάσαμε μέχρι εδώ; Ποια είναι η βάση για την εξουσία σας στην Ευρώπη; Εκβιάσατε και απειλήσατε τους πολιτικούς; Μπήκατε όλοι σας στην πολιτική; Πώς καταφέρατε να είστε ικανοί να επιβάλλετε με τόση επιμέλεια την θέλησή σας; Η απάντηση βρίσκεται στο πνεύμα του καιρού (zeitgeist).

Με τα βιβλία σας και την τέχνη σας, τα δρώμενά σας και την μουσική σας, καταφέρατε να σχηματίσετε το πνεύμα του καιρού μιας ολόκληρης γενιάς. Σίγουρα λίγοι μόνον σπούδασαν τις πολύπλοκες θεωρίες που ήταν η έμπνευση για όλο αυτό, αλλά παρόλα αυτά καθορίσατε τον δημόσιο διάλογο, σπάσατε όλα τα παλιά ταμπού και κυριαρχήσατε σε όλες τις συζητήσεις.

Δεν ήταν στρατιωτική υπεροχή, ούτε οικονομική δύναμη, ούτε ο αριθμός των θέσεων που είχατε στην κυβέρνηση, αλλά κυρίως η διανοητική σας υπεροχή και η κυριαρχία μόνον που σας έφερε στην εξουσία σε όλη την Ευρώπη.

*

Παρόλα αυτά ποτέ δεν καταφέρατε να σταθεροποιήσετε την δύναμή σας και να μεταφέρετε τα ιδανικά σας στα παιδιά σας. Τώρα μια νέα γενιά ανεβαίνει στο βάθρο, μια γενιά που αποφασιστικά απορρίπτει τις ιδέες σας. Μία γενιά που ενσωματώνει το δικό της, το νέο πνεύμα του καιρού. Εμείς είμαστε αυτή η γενιά.

Βήμα βήμα θα προκαλέσουμε την πνευματική σας ανωτερότητα. Θα γράψουμε τις δικές μας πραγματείες και βιβλία, θα τραγουδήσουμε τα δικά μας τραγούδια, θα κάνουμε βίντεο, θα σχεδιάσουμε γραφικά, θα δημιουργήσουμε τέχνη και καθημερινά θα αποδυναμώνουμε την λαβή σας στην εξουσία, κάνοντάς το.

Θα έλθει μία ημέρα που θα είναι απολύτως φυσικά για έναν φοιτητή να ανήκει στο κίνημα της ταυτότητας, όπως ήταν το να είσαι αριστεριστής το '68 ή δεξιός το '33.

*

Η μάχη μαζί σας θα είναι δύσκολη. Έχετε δυνατά όπλα στις διαταγές σας — τηλεόραση, ραδιόφωνα, εφημερίδες και πολιτικά κόμματα. Για να πούμε την αλήθεια το οπλοστάσιό σας σε αυτό τον πόλεμο φαίνεται να είναι ανεξάντλητο.

Αλλά στο τέλος θα σας καταφέρουμε. Η θέληση και η αποφασιστικότητά μας θα δοκιμασθούν σε πολλά και δυναμικά τεστ, αλλά ποτέ δεν θα υποκύψουν. Αυτή είναι μία μάχη με στόχο τίποτε άλλο παρά τους ίδιους τους εαυτούς μας. Για την Ευρώπη, τον πολιτισμό και την ταυτότητά μας.

Σας πετάξαμε το γάντι!

Γιατί είμαστε η γενιά της Ταυτότητας!

32. ΓΙΑ ΤΗΝ ΛΑΧΤΑΡΑ ΓΙΑ ΤΑΥΤΟΤΗΤΑ

Κάθε άνθρωπος κατέχει όχι μόνον μία, αλλά άπειρες και διαφορετικές ταυτότητες. Κάθε ένας από εμάς είναι ένας άνδρας ή μια γυναίκα, ανήκει σε ένα έθνος, έχει μία πόλη και είναι μέρος μίας θρησκευτικής κοινότητας (ή της κοινότητας των μη-θρησκευόμενων). Κατέχουμε άπειρες ταυτότητες και μόνο αυτές μας κάνουν αυτό που είμαστε.
Αλλά εσείς έχετε κηρύξει πόλεμο εναντίον τους.

*

Οι ταυτότητες σχηματίζονται μέσα σε ένα πλαίσιο αντιθέσεων και ορίων. Εάν δεν υπήρχαν γυναίκες, η αρσενική ταυτότητα δεν θα έπαιζε ρόλο για τους άνδρες. Εάν η Ευρώπη ήταν μόνη στον κόσμο, η Ευρωπαϊκή ταυτότητα δεν θα είχε νόημα. Αυτός που λέει "Ευρώπη" πρέπει επίσης να λέει "Ασία" και "Αφρική", προκειμένου να προσδιορίσει τα όριά του.
Κάθε ταυτότητα απαιτεί εξωτερικά σύνορα. Μία νέα γυναίκα δικηγόρος θα νοιώθει τον εαυτό της θηλυκή ανάμεσα στους άντρες, ως μία δικηγόρος ανάμεσα σε τεχνίτες και νέα ανάμεσα στους γηραιότερους δικηγόρους.
Η Ταυτότητα απαιτεί απόσταση. Το μέσα απαιτεί ένα εξωτερικό. Ο εαυτός χρειάζεται έναν άλλον. Έχετε σαφώς αναγνωρίσει αυτούς τους νόμους. Τους κατηγορείτε για όλες τις συγκρούσεις στον κόσμο.
Γι' αυτό ξεκινήσατε την σταυροφορία σας εναντίον όλων των ταυτοτήτων. Ακόμη το συνεχίζετε σήμερα με ανηλεή πληρότητα.

*

Επιτεθήκατε στα φύλα με την ουδετεροποιημένη "νέα γλώσσα" σας, δώσατε κούκλες στα αγόρια και κλέψατε από τις γυναίκες την χαρά της θηλυκότητας τους.

Επιτεθήκατε στην θρησκεία, υποτιμώντας την και διακηρύσσοντας την περιττοτητά της.

Επιτεθήκατε στην έννοια της πόλης καταγωγής, θέλοντας να κάνετε όλες τις πόλεις το ίδιο. Η ομογενοποίηση και η τυποποίηση είναι πραγματικά τα πιο ισχυρά όπλα στον αγώνα σας κατά της ταυτότητας.

Για δεκαετίες, επιτεθήκατε σε όλες τις ταυτότητες και προσπαθήσατε τεχνητά να ξεπεράσετε όλες τις δικές σας αντιφάσεις. Πολεμήσατε σε αυτό τον πόλεμο με αγριότητα, με όλα τα μέσα, αλλά παρόλα αυτά, χάσατε.

Η θέληση για ταυτότητα είναι η μεγαλύτερη δύναμη, μία δύναμη την οποία ούτε εσείς δεν μπορείτε να δαμάσετε

*

Δεν έχει σημασία πόσες κούκλες κουνάτε μπροστά στα αγόρια, πάντα αυτά θα ψάχνουν για τα ξύλινα σπαθιά. Δεν έχει σημασία πόσους νόμους και κανονισμούς προωθείτε, πάντα θα υπάρχουν αρσενικά και θηλυκά επαγγέλματα. Οι αντιθέσεις ανάμεσα στους πολιτισμούς δεν είναι πουθενά πιο ξεκάθαρες από ότι στις πολυπολιτισμικές σας κοινωνίες.

Δεν μπορείτε να νικήσετε την θέληση για ταυτότητα.

Η εκστρατεία σας ίσως έχει διαστρέψει και μπερδέψει την Ευρωπαϊκή ταυτότητα, αλλά δεν θα μπορούσε ποτέ να την εξαφανίσει. Ο πόλεμός σας οδηγεί σε συγκρούσεις μεταξύ των διαφόρων τύπων ταυτότητας και παρόλα αυτά η ύπαρξή τους είναι απλά η μεγαλύτερη απόδειξη ότι ποτέ δεν θα ξεπεράσετε την ταυτότητα.

*

Η Ταυτότητα μετρά. Σήμερα όπως εδώ και χίλια χρόνια.

Δεν θα σταματήσουμε να πολεμάμε τις ανόητες μάχες σας. Κατανοούμε ότι η επιθυμία για όρια και το κυνήγι για ταυτότητα είναι βασικές ορμές που θα είναι πάντα μαζί μας.

Δεν θα χάσουμε χρόνο πολεμώντας τα — ακριβώς το αντίθετο, καθώς τα θεωρούμε όχι μόνο καλά αλλά απαραίτητα.

Η θέληση για ταυτότητα είναι δυνατότερη από από την τεχνητή σας ιδεολογία.

Αυτός είναι ένας ακόμη λόγος που θα σας νικήσουμε στο τέλος. Γιατί είμαστε η γενιά της ταυτότητας.

33. ΓΙΑ ΤΗΝ ΥΠΟΧΡΕΩΤΙΚΗ ΣΤΡΑΤΙΩΤΙΚΗ ΘΗΤΕΙΑ

Καθυστερήσατε μόνο σε ένα σημείο, κατά την διάρκεια της πορεία σας στους θεσμούς. Υπήρξε μία οργάνωση που δεν φέρατε υπό τον έλεγχό σας: τον στρατό.

Ο χαρακτήρας ή η ψυχολογία σας σας έκανε ανίκανους ή δίχως θέληση να μπείτε στον στρατό και να κάνετε εκεί αυτό που κάνατε στα πανεπιστήμια, αφού προτιμούσατε τον κόσμο των βιβλίων από αυτόν της φυσικής προσπάθειας και της αυστηρότητας.

Αποτέλεσμα, ο στρατός παραμένει ένα από τα τελευταία κάστρα της ταυτότητας στην θάλασσα των αριστερίστικων θεσμών.

Επειδή δεν μπορούσατε να καταλάβετε τον στρατό, αρχίσατε να τον δυσφημείτε. Τραβήξατε στην λάσπη το όνομά του.

Οι στρατιώτες μπορούν να καθοδηγούνται μόνο με πειθαρχία, υπακοή και συντροφικότητα. Ένας αντι-εξουσιαστικός στρατός είναι αδιανόητος και ως εκ τούτου κάθε στρατιωτική οργάνωση είναι ο φυσικός εχθρός της ιδεολογίας σας.

Και έτσι φτάσαμε στο σημείο όπου οι νέοι άνδρες που μεγαλώσατε να είναι θηλυπρεπείς και να αμφισβητούν την εξουσία βρέθηκαν στους στρατώνες των ευρωπαϊκών στρατών, όπου έμαθαν σε μήνες εκπαίδευσης αυτά που η κοινωνία σας αμέλησε για χρόνια. Οι στρατοί με τα γυμνάσια τους στους νέους, έφεραν εις πέρας μια ανεκτίμητης αξίας εκπαιδευτική αποστολή κάνοντάς το.

Εάν υπάρχει ακόμη καθόλου αρρενωπότητα, τιμή και συντροφικότητα σήμερα, και χρειάζεται ο έπαινος, πάνω από όλα στην σκληρή εκπαίδευση που οι άνδρες λαμβάνουν στους στρατώνες.

*

Αυτή η εκπαίδευση ήταν ένα αγκάθι στο πλευρό σας. Έτσι επιτεθήκατε στην υποχρεωτική στρατιωτική θητεία και προσπαθήσατε να την καταργήσετε. Όχι για στρατιωτικούς λόγους, αλλά επειδή η υπακοή και οι ασκήσεις δεν ταίριαζαν στην κοσμοθέασή σας.

Όταν η Σοβιετική Ένωση τελικά κατέρρευσε, αμέσως θέσατε στον εαυτό σας το καθήκον του να καταστρέψετε την θητεία. Δεν αφορούσε ποτέ την αναμόρφωση του στρατού, πάντα είχε ως σκοπό το να υπηρετήσει τους ιδεολογικούς σας σκοπούς.

Καταργώντας την θητεία σε πολλές χώρες και επιχειρώντας να το κάνετε σε πολλές περισσότερες κάνατε τεράστια ζημιά στις κοινωνίες μας.

Κλέψατε την γενιά μας από την τελευταία της ευκαιρία να αποδείξει ποια είναι. Κλέψατε αυτή την ευκαιρία για εμάς να γνωρίσουμε τα όριά μας. Πόσο χαρούμενοι είναι αυτοί από εμάς που ακόμη είχαμε αυτή την ευκαιρία.

Πολλοί από εμάς δεν γνωρίζουμε πόσο πραγματικά δυνατοί είμαστε, ούτε το τι μπορούμε να καταφέρουμε ή να αντέξουμε.

Θέλουμε να μάθουμε. Θέλουμε να πιέσουμε τα όριά μας. Σε αντίθεση με εσάς θέλουμε να μάθουμε τους εαυτούς μας.

Δεν φοβόμαστε να υπακούσουμε. Δεν φοβόμαστε να πολεμήσουμε και αν χρειαστεί να κάνουμε την υπέρτατη θυσία.

Ξέρουμε ότι ένας άνδρας χρειάζεται να μπορεί να αντέξει τις φωνές του εκπαιδευτή — μόνο τα αγόρια και οι αδύναμοι "συζητούν". Οι άνδρες δέχονται ή δρουν. Ο στρατός κάποτε το δίδασκε αυτό.

*

Από μία καθαρά στρατιωτική άποψη, η υποχρεωτική θητεία στην Ευρώπη ίσως είναι ή δεν είναι απαραίτητη. Αλλά σίγουρα είναι εντελώς απαραίτητη από μια κοινωνική προοπτική.

Επιβεβαιώνουμε τις καθάριες αρετές αυτού, του μεγαλύτερου παιδαγωγού της νεολαίας. Είμαστε και πάντα θα είμαστε υπέρ της υποχρεωτικής στρατιωτικής θητείας, για την πατρίδα και την κοινωνική αλληλεγγύη.

Γιατί είμαστε η γενιά της ταυτότητας.

34. ΓΙΑ ΤΗΝ ΕΝΣΩΜΑΤΩΣΗ

Κάποια μέρα θα αναγνωρίσετε ότι η πολυπολιτισμική σας κοινωνία αντιμετωπίζει την απόρριψη ανάμεσα στους λαούς της Ευρώπης, ότι οι Ευρωπαίοι δεν την θέλουν. Αμέτρητες χώρες σηκώνουν τις φωνές τους σε κραυγές διαμαρτυρίας και τα δεξιόστροφα κόμμα κερδίζουν ψήφους. Έπρεπε να αντιδράσετε.

Έτσι παρουσιάσατε στην άρρωστη ήπειρό μας μία ακόμη μαγική θεραπεία: την ενσωμάτωση.

Δράσατε σαν η ενσωμάτωση να ήταν κάτι καινούριο, σαν να ήταν το ακριβώς αντίθετο του πολυπολιτισμού. Με αυτό τον τρόπο προσπαθήσατε να καθησυχάσετε τους λαούς της Ευρώπης, τουλάχιστον μέχρι οι ξένες κοινότητες να είναι αρκετά δυνατές στις χώρες μας για να σταματήσουν όλες τις διαμαρτυρίες κατά της πολυπολιτισμικής κοινότητας.

Έτσι τραβήξατε το μαντήλι μπροστά στα μάτια των ευρωπαϊκών λαών.

*

Υπάρχουν δύο ορισμοί της ενσωμάτωσης. Εσείς πάντα χρησιμοποιούσατε αυτό που βρίσκατε ότι ταιριάζει στο συγκεκριμένο ακροατήριο της στιγμής. Όταν μιλούσατε στους μετανάστες, απαιτούσατε να δουλεύουν και να μάθουν την γλώσσα της χώρας. Αλλά πώς μια δουλειά και η ικανότητα στην γλώσσα αλλάζουν το γεγονός μιας πολυπολιτισμικής κοινωνίας.

Με αυτές τις λέξεις, προσπαθήσατε να καθησυχάσετε τους Ευρωπαίους. Αυτό δούλεψε για λίγο.

Αλλά σε κάποιο σημείο, τα δεξιά κόμματα κατάλαβαν το κόλπο σας και τελικά απαίτησαν μία "σκληρότερη" ενσωμάτωση. Αυτό δηλαδή που είχατε υποσχεθεί στους Ευρωπαίους.

Αλλά ακόμη και αυτή η απαίτηση είναι παραπλανητική.

Τι λόγους έχουν τα μέλη μιας αυξανόμενης δυναμικής κοινότητας να ενωθούν με έναν παρηκμασμένο ευρωπαϊκό πολιτισμό που πεθαίνει; Πώς μπορεί η πραγματική ενσωμάτωση να είναι δυνατή όταν οι μη-ευρωπαίοι είναι ήδη τόσο πολλοί που μπορούν να ζουν δίχως καμία προσπάθεια στις παράλληλες κοινωνίες τους;

*

Απορρίπτουμε αυτή την ψεύτικη αναμέτρηση μεταξύ εσάς και των λαϊκίστικων δεξιόστροφων κομμάτων. Δεν θέλουμε ούτε μια πολυπολιτισμική κοινωνία, ούτε θέλουμε να αναγκάσουμε τα μέλη άλλων πολιτισμών να αποδεχτούν την ταυτότητά μας.

Ως εκ τούτου επιβεβαιώνουμε τα ακόλουθα:

Γενιά του '68: Σταματήστε να κηρύσσετε ένα κοινωνικό μοντέλο που δεν μπορεί να δουλέψει και άμεσα ρίχνει τις κοινωνίες στο χάος όπου επιχειρείτε.

Δεξιοί! Σταματήστε να δυσφημείτε τους μετανάστες, σταματήστε να τους προσβάλλετε και να τους κατηγορείτε για τα λάθη μας.

Σταματήστε να τους κατηγορείτε που θέλουν να διατηρήσουν τις ταυτότητές τους. Δεν υπάρχει τίποτε πιο σκληρό από το να απαιτείς από κάποιον να παραχωρήσει τον εαυτός του.

Μουσουλμάνοι και Αφρικανοί. Ρίξτε τις τέντες σας και εγκαταλείψτε αυτή την Ήπειρο. Ολόκληρες περιοχές του κόσμου ήδη σας ανήκουν. Ευχαρίστως θα σας βοηθήσουμε να κάνετε τις πατρίδες σας καλύτερα μέρη, θα σας βοηθήσουμε να τις χτίσετε και να τις σχηματίσετε. Ακόμη περισσότερο από την Ευρωπαϊκή βοήθεια, η Αφρική και η Ανατολή χρειάζονται εσάς και την δύναμή σας.

Γυρίστε στις πατρίδες σας, γιατί σας ανήκουν.

Η Ευρώπη, παρόλα αυτά, ποτέ δεν θα σας ανήκει. Η Ευρώπη ανήκει σε εμάς.

Γιατί είμαστε η γενιά της ταυτότητας.

35. ΓΙΑ ΕΝΑΝ ΚΟΣΜΟ ΧΩΡΙΣ ΤΑΥΤΟΤΗΤΕΣ

Ας φανταστούμε για ένα λεπτό ότι το όραμά σας για έναν κόσμο χωρίς αντιθέσεις, με άλλα λόγια έναν κόσμο χωρίς διαφορές, ήταν πραγματοποιήσιμο. Ας απεικονίσουμε για ένα λεπτό το πώς θα έμοιαζε αυτός ο κόσμος. Τότε θα καταλάβετε, όσο μπορείτε, το γιατί ποτέ δεν θα μοιραστούμε τους στόχους σας. Γιατί πρέπει και θα πρέπει συνεχώς να σας πολεμάμε. Ας ιχνηλατήσουμε το έδαφος στο οποίο τελικά θα μας οδηγήσει η ιδεολογία σας.

*

Ο κόσμος σας είναι γκρι. Δεν υπάρχουν πια χρώματα. Δεν είναι τα χρώματα ο λόγος για τις συγκρούσεις, το μίσος και τον πόλεμο. Δεν πολεμούσαν πάντα οι λευκοί κατά των μαύρων και οι κόκκινοι κατά των κίτρινων;

Γι' αυτό και απαγορεύσατε τα χρώματα, επειδή μόνον χωρίζουν και οδηγούν σε φασιστική ομαδοποίηση.

Διασχίζοντας τον κόσμο σας, φτάνουμε σε μια πόλη. Μία πόλη στην οποία όλοι οι δρόμοι και τα κτήρια μοιάζουν ακριβώς ίδια. Δεν οδηγούν τα διαφορετικά κτήρια, αναγκαστικά, στην ζήλεια και την κοινωνική σύγκρουση; Δεν θέλει ο καθένας να επιδειχθεί και να δείξει την ανωτερότητα με την εμφάνιση του σπιτιού του;

Έτσι γκρεμίσατε όλα τα παλιά κτήρια και χτίσατε νέα, τελείως όμοια. Είναι απαγορευμένο υπό ποινή, το να αλλάξει κανείς το σπίτι του με οποιοδήποτε τρόπο.

Οι άνθρωποι στον κόσμο σας, άνδρες και γυναίκες το ίδιο, όλοι φορούν τα ίδια ακριβώς ρούχα. Διαφορετικός ρουχισμός επίσης οδηγεί στον αποκλεισμό και την ομαδοποίηση. Μπαίνουμε σε ένα από τα πολλά εκπαιδευτικά σας εργοστάσια. Εδώ βρέφη, παρμένα από τους γονείς τους λίγο μετά την γέννα, μεγαλώνουν από καλά εκπαιδευμένους και εγκεκριμένους ειδικούς. Αναγνωρίσατε ότι πολλοί

88

άνθρωποι μειονεκτούν λόγω του οικογενειακού τους υπόβαθρου. Για να δώσετε σε όλους τις ίδιες ευκαιρίες στην ζωή, τελικά απαγορεύσατε τον ξεπερασμένο θεσμό της οικογένειας. Στα παιδιά μαθαίνονται κάποια πράγματα στο σχολείο. Αλλά δεν παίρνουν βαθμούς, επειδή οι βαθμοί διαφοροποιούν τους καλύτερους από τους λιγότερο ικανούς μαθητές.

Κανείς δεν αναγκάζεται να προσέχει στην τάξη και αυτή που το κάνουν συχνά τιμωρούνται, επειδή κάνουν τους συναδέλφους τους να φαίνονται κατώτεροι.

Αφήνουμε το εργοστάσιο και κατευθυνόμαστε προς το κέντρο της πόλης. Εκεί που κάποτε στεκόταν ένας καθεδρικός, σήμερα υπάρχει μόνο ένας τεράστιος κρατήρας στο έδαφος. Από την στιγμή που αναγνωρίσατε ότι οι θρησκείες ήταν η αιτία αμέτρητων πολέμων, κάψατε όλες τις εκκλησίες, τους βωμούς, τα τζαμιά, τους ναούς και τα μοναστήρια συθέμελα.

Αυτοί οι θεσμοί καλλιεργούσαν τις διαφορές.

Μιλάμε σε έναν περαστικό, αλλά δεν μας καταλαβαίνει. Δεν μπορεί καν να μιλήσει. Καταλάβατε ότι όλες οι μορφές της γλώσσας διαχωρίζουν τον κόσμο. Και δεν είναι αυτό το πρώτο βήμα προς τις μαζικές δολοφονίες και τον πόλεμο;

*

Έτσι τριγυρνάμε στον πάντα τόσο ειρηνικό κόσμο σας, έναν κόσμο που δεν υπάρχουν πια πόλεμοι, δεν υπάρχουν συγκρούσεις και δεν υπάρχουν αγώνες.

Για ποιο σκοπό θα πολεμούσε κάποιος σε έναν πόλεμο εδώ; Πώς θα μπορούσε μία σύγκρουση οποιουδήποτε είδους να προκύψει σε ένα τέτοιο μέρος. Γιατί να πολεμήσει κάποιος για κάτι σε αυτό τον δικό σας κόσμο, όταν δεν υπάρχει τίποτε που να αξίζει την προσπάθεια;

Το όνειρό σας είναι ο εφιάλτης μας.

Γιατί είμαστε η γενιά της Ταυτότητας.

36. ΓΙΑ ΤΗΝ ΣΥΓΚΡΟΥΣΗ ΣΤΗΝ ΜΕΣΗ ΑΝΑΤΟΛΗ

Ναι, θέλουμε να συζητήσουμε και αυτό, το πιο εκρηκτικό από τα ζητήματα, γιατί πουθενά δεν φαίνεται πιο ξεκάθαρα ο μη ρεαλιστικός χαρακτήρας της ιδεολογίας σας και η αποτυχία των πολιτικών σας, από ότι σε όσα αφορούν το Ισραήλ και την Παλαιστίνη.

Εδώ εκτίθεται η ολοκληρωτική ανικανότητά σας εμπρός στους βίαιους αγώνες του πραγματικού κόσμου.

Στις ερήμους των Αγίων τόπων, οι αρχαίες παραδόσεις δύο λαών συγκρούονται και οι δύο πολεμούν για τις υψηλότερες αξίες τους, τα αγία μέρη της εθνικής, πολιτιστικής και θρησκευτικής τους ταυτότητας.

*

Ποτέ δεν καταλάβατε αυτή την σύγκρουση. Πάντα οργανώνατε συνομιλίες για εκεχειρία, ειρηνευτικές διαδικασίες και συναντήσεις όλων των τύπων, αλλά απογοητευόσασταν ξανά και ξανά.

Η αποτυχία όλων των προσπαθειών σας ήταν εντελώς προβλέψιμη, τουλάχιστον γι' αυτούς που κατανοούσαν τις αιτίες της σύγκρουσης.

Αυτή η σύγκρουση δεν είναι ούτε οικονομικής, ούτε πολιτικής φύσης. Είναι ολοκληρωτικά πολιτισμική. Αυτός ο αγώνας δεν είναι για χρήματα ή πρώτες ύλες αλλά για σύμβολα και ιερά μέρη.

Οι Ισραηλινοί και οι Παλαιστίνιοι δεν ζητούν και οι δύο το Όρος του Ναού επειδή τους φέρνει έσοδα, αλλά επειδή είναι το κέντρο των αντίστοιχων ταυτοτήτων τους.

Καμία από δύο πλευρές δεν θα παραδώσει ποτέ το Όρος του Ναού ή δεν θα σταματήσει να το διεκδικεί, γιατί συμβολίζει αυτό που θεωρούν ότι είναι οι Άγιοι Τόποι τους.

Δεν υπάρχει λύση και ειρήνη σε αυτό τον πόλεμο, και το ότι εσείς ακόμη πιστεύετε στην ειρήνη μετά από περισσότερα από 60 χρόνια πολέμου δείχνει μόνον το πόσο αδιόρθωτοι είστε.

Η ειρήνη δεν μπορεί να επιτευχθεί με αδύναμες επικλήσεις, αλλά μόνον μέσω της ουδετεροποίησης της κινητήριας δύναμης της σύγκρουσης.

Η κινητήρια δύναμη αυτής της σύγκρουσης είναι η ταυτότητα των δύο λαών. Όσο υπάρχουν και οι Παλαιστίνιοι και οι Ισραηλινοί στους Αγίους Τόπους, αυτοί οι δύο λαοί θα αντιπαρατίθενται.

*

Ενώ οι Ισραηλινοί και οι Παλαιστίνιοι πολεμούν για την πατρίδα τους, σας παρακολουθούμε με απόλυτη αηδία να παρεμβαίνετε στην σύγκρουση και να παίρνετε πλευρές.

Τείνετε να προσπαθείτε να βρείτε και να ταυτοποιήσετε τις καλές και τις κακές πλευρές σε κάθε σύγκρουση, αλλά εμείς δεν πιστεύουμε ούτε στο ένα ούτε στο άλλο σε αυτή την περίπτωση.

Όποια πλευρά και αν διαλέγετε, απορρίπτουμε την συνεργασία σας.

Ποιος θα ρίξει άδικο στους Εβραίους που θέλουν να επιστρέψουν στην πατρίδα τους μετά από χιλιετίες δίχως σπίτι και διωγμούς.

Ποιος θα ρίξει άδικο στους Παλαιστίνιους για το ότι θέλουν να παραμείνουν στην δική τους Πατρίδα;

Πόλεμοι, συγκρούσεις και μίσος που κρατούν δεκαετίες είναι το αποτέλεσμα όταν διαφορετικοί λαοί εξαναγκάζονται να είναι μαζί στην ίδια περιοχή. Χάρις σε εσάς, μία παρόμοια μοίρα απειλεί την Ευρώπη.

Στον πόλεμο για την Μέση Ανατολή όμως, παραμένουμε ουδέτεροι. Κανένα μέρος δεν είναι καλό ή κακό. Και οι δύο λαοί πρέπει να πολεμήσουν, επειδή δεν μπορούν να κάνουν αλλιώς. Το καταλαβαίνουμε και ελπίζουμε η Ευρώπη να γλυτώσει παρόμοιες συγκρούσεις. Θα αγωνιστούμε για ειρήνη.

Γιατί είμαστε η Γενιά της Ταυτότητας.

37. ΓΙΑ ΤΗΝ ΤΕΧΝΗ

Όπως ξέρει ο καθένας, δεν μπορούμε να υπολογίσουμε λογιστικά την προτίμηση και κάθε προσπάθεια για να ορίσουμε ένα συγκεκριμένο αισθητικό κανόνα, είναι εγγενώς αδύνατον.

Δεν είμαστε τόσο αλαζόνες, ώστε να ισχυριστούμε ότι είμαστε ικανοί να ορίσουμε τι είναι όμορφο και τι δεν είναι, όπως δεν θα ισχυρισθούμε ότι στεκόμαστε στο πλευρό της "αληθινής" ή "πραγματικής" τέχνης.

Σε κάθε περίπτωση, η ομορφιά μπορεί να είναι σχετική, αλλά το τι ένα άτομο ή ένας πολιτισμός θεωρεί όμορφο, λέει πάρα πολλά για αυτό το άνθρωπο ή τον πολιτισμό.

*

Στις αρχαίες εποχές, ίσχυε η Ρωμαϊκή αρχή — η τέχνη θα πρέπει να απεικονίζει τον κόσμο πιο όμορφο από ότι πραγματικά είναι. Αυτή η αρχή ήταν μια έκφραση του Ρωμαϊκού χαρακτήρα, ενός πόθου για κάτι που είναι υψηλότερο, το αιώνιο.

Οι Ρωμαίοι κατασκεύασαν μνημειώδεις κατασκευές, μαρμάρινα αγάλματα και υπέροχους ναούς. Ήταν τέλειοι στην φόρμα τους, ακτινοβολώντας δύναμη και υπεροχή.

Η τέχνη ενός πολιτισμού ήταν πάντα η έκφραση της ποιότητας της εμπειρίας της ζωής του. Μεγάλες Αυτοκρατορίες ανόρθωσαν γιγαντιαίες κατασκευές. Λαοί που αγαπούσαν την ελευθερία έγραψαν δράματα και ποιήματα υμνώντας την ελευθερία και την αγάπη.

*

Αλλά εσείς τι δημιουργήσατε; Άμορφες, δίχως νόημα, δίχως προηγούμενο, "σύγχρονα έργα". Η τέχνη σας προδίδει τα πάντα για εσάς.

Σας λείπει κάθε θέληση να διαμορφώσετε, κάθε θέληση να δημιουργήσετε. Τα μυαλά σας είναι βάλτοι χάους, συνεχούς σύγκρουσης και μίσους προς τον εαυτό σας.

ΓΕΝΙΑ ΤΗΣ ΤΑΥΤΟΤΗΤΑΣ 93

Σύμφωνα με αυτά λοιπόν, δημιουργήσατε σπασμένα και διαλυμένα έργα τέχνης, αντανακλώντας τις πραγματικές διαστάσεις της πνευματικής σας συμφοράς.

Κανείς δεν μπορεί να συζητήσει για τις προτιμήσεις στην τέχνη. Εάν βρίσκετε τέτοια πράγματα όμορφα, ας είναι έτσι. Αλλά ας ειπωθεί: Εμείς δεν το θεωρούμε όμορφο! Τα στομάχια μας γυρίζουν στην σκέψη της σύγχρονης τέχνης σας. Οι προσπάθειες να είστε αυθεντικοί, πονούν τα μάτια μας.

Αφήστε μας να μην επισκεφθούμε τις γκαλερί σας, και ποτέ μην μας υποχρεώσετε να κοιτάξουμε το είδους τους ξανά. Ακόμη και εάν δεν υπήρχαν πολιτικοί λόγοι για να σας διώξουμε από την εξουσία, η τέχνη σας θα ήταν αρκετή.

Εμείς αγαπάμε ένα διαφορετικό είδος τέχνης — το είδος που στέκεται σε ένωση με τον φυσικό κόσμο, το είδος που εκπέμπει υπερηφάνεια και δόξα, που αντιπροσωπεύει κάτι αληθινό και στο οποίο μπορούμε να βρούμε νόημα. Όχι χάος, αλλά τάξη. Όχι μια μονότονη μίξη, αλλά την αστραφτερή αγνότητα όλων των χρωμάτων. Αυτό βρίσκουμε όμορφο.

Γιατί είμαστε η γενιά της ταυτότητας.

38. AUREA AETAS: Η ΧΡΥΣΗ ΕΠΟΧΗ

Όποιος έχει πραγματικά ασχοληθεί με τις προφητείες των Μάγιας, γνωρίζει ότι προέβλεψαν ότι η 21η Δεκεμβρίου του 2013 θα σημάδευε όχι το τέλος του κόσμου, αλλά το ξεκίνημα μίας νέας εποχής. Μίας νέας παγκόσμιας εποχής που θα ήταν εντελώς διαφορετική από αυτή που υπήρχε πριν.

Είτε κάποιος πιστεύει σε μυστικιστικές γραφές, είτε όχι, είναι παρ' όλα αυτά στο χέρι μας να φέρουμε μία τέτοια νέα εποχή. Μία χρυσή εποχή της ταυτότητας.

*

Θέλουμε να δημιουργήσουμε έναν νέο κόσμο. Θέλουμε να ξαναχτίσουμε τον πλανήτη μας πάνω σε νέα θεμέλια και να εγκαταλείψουμε το μονοπάτι στο οποίο βρισκόμαστε τώρα, το οποίο οδηγεί στον απρόσωπο και ομογενοποιημένο μέσο άνθρωπο.

Θέλουμε να ξαναξυπνήσουμε την ταραχή της καταιγίδας, το ασύλληπτο υπόδειγμα όλων των πραγμάτων. Η νέα μας εποχή δεν θα κυλά ήρεμα σαν κάποιος δαμασμένος ποταμός, μονότονος και πάντα ίδιος.

Ακριβώς το αντίθετο. Σπάστε τα φράγματα, αδελφές και αδελφοί. Αυτή η εποχή θα είναι μια άγρια και ανίκητη παλίρροια! Κάθε της στροφή, κάθε της στενό και κάθε καταρράκτης θα είναι μοναδικά.

*

Σπάστε τις αλυσίδες σας αδελφές και αδελφοί! Η γενιά του '68 μας μάντρωσε, για να μας κάνει όλους ίδιους. Αλλά εμείς αγαπάμε την διαφορά. Σπάστε τους τεχνητούς τοίχους της κοινής μας φυλακής. Γίνεται άντρες και γυναίκες, Ευρωπαίοι και Ασιάτες ξανά!

*

Υπερασπιστείτε την φύση, αγαπητά αδέλφια. Κάθε δέντρο, κάθε πέτρα και κάθε βουνό είναι ιερά για εμάς. Δεν θα επιτρέψουμε η ομορφιά της χώρας μας να μετρηθεί με την οικονομικής της αξία πια!

*

Αφήστε στο πλάι την έχθρα σας, λαοί του κόσμου! Ας σταματήσουμε να προσπαθούμε να δημιουργήσουμε έναν ενωμένο κόσμο, κυριαρχώντας σε άλλους. Ας μην προσπαθήσουμε να επιβάλλουμε τους πολιτισμούς και τις θρησκείες μας ο ένας στον άλλον πια. Αντί αυτού ας διατηρήσουμε τις δικές μας ταυτότητες και να μάθουμε να αγαπάμε πραγματικά την ποικιλότητα.

*

Ας χαλιναγωγήσουμε την οικονομία και ας σταματήσουμε να είμαστε σκλάβοι της πολύ μικρής ελίτ των πλουσίων. Θα απελευθερώσουμε τον πλανήτη μας από την θανατηφόρα λαβή του καπιταλισμού και θα δημιουργήσουμε μία κοινωνία όπου η οικονομία θα υπηρετεί τον πολιτισμό και όχι το αντίστροφο.

Αδέλφια και αδελφές: Η χρυσή εποχή ξεκινά μέσα μας και με εμάς. Είναι στο χέρι μας να δημιουργήσουμε έναν νέο και καλύτερο κόσμο. Ας κατεδαφίσουμε τα μπουντρούμια της γενιάς του '68 και αυτή η εποχή θα γίνει πραγματικότητα.

*

Αγαπητοί αδελφοί και αδελφές!

Η ταυτότητά μας βρίσκεται αλυσοδεμένη, περιορισμένη και βασανισμένη, καταπιεσμένη και βιασμένη, κακοποιημένη και απελπισμένη. Έπρεπε να υπομείνει αμέτρητα τερατουργήματα και αναρίθμητες ταπεινώσεις.

Ας βάλουμε τέλος σε αυτό το βασανιστήριο. Αυτό είναι το τραγούδι της απελευθέρωσής μας.

39. Η ΑΠΟΦΑΣΗ ΜΑΣ

Αδελφοί και αδελφές!
Ξέρουμε πώς νοιώθετε αυτή την στιγμή. Τα αισθήματά σας είναι και δικά μας. Οι ίδιες αμφιβολίες, οι ίδιες αβεβαιότητας μας διαρρηγνύουν όλους.

*

Η ιστορία έριξε μπροστά μας, την μεγαλύτερη δυνατή δοκιμασία. Μεγαλώσαμε σε μία ήπειρο που έχει εδώ και καιρό χάσει τον εαυτό της. Μεγαλωθήκαμε από γονείς που ήταν αποφασισμένοι να καταστρέψουν τις χώρες μας, ενώ περικυκλωθήκαμε από ζωτικούς και δυνατούς ξένους λαούς που προσπαθούν να βάλουν χέρι στα πλούτη μίας αδύνατης Ευρώπης.
Αυτή είναι η μοίρα μας. Μία μοίρα από την οποία δεν μπορούμε να ξεφύγουμε. Είτε το θέλουμε, είτε όχι, είτε το αναγνωρίζουμε είτε όχι, είτε το δεχόμαστε ή το αρνούμαστε, είναι και παραμένει η μοίρα μας.
Αλλά έχουμε μία επιλογή. Ο κάθε ένας από εμάς πρέπει να πάρει την απόφαση για τον εαυτό του.
Ο κάθε ένας από εμάς πρέπει να αποφασίσει. Θέλουμε να ανταπεξέλθουμε στην πρόκληση που μας βάζει η ιστορία, όλοι μαζί, ή θέλουμε να παραιτηθούμε και να αφήσουμε την Ευρώπη να καταρρεύσει;
Είναι μία δύσκολη απόφαση και κανένας δεν πρέπει να την πάρει ελαφρά. Κάθε επιλογή φέρνει βαριές συνέπειες.

*

Αν αφήσουμε την Ευρώπη να πεθάνει, μπορούμε να υποχωρήσουμε. Μπορούμε να αφήσουμε την πολιτική σφαίρα, να εγκαταλείψουμε τις μεγάλες πόλεις και να μεταναστεύσουμε με τις οικογένειές μας σε απομακρυσμένα χωριά. Μπορούμε ακόμη να ζήσουμε μια χαρούμενη ζωή με ειρήνη, ησυχία και απομόνωση. Μπορούμε να αποδράσουμε από την παρακμή της κοινωνίας μας, γιατί υπάρχουν ακόμη άλλα μέρη όπου μπορούμε να βρούμε καταφύγιο. Τίποτε δεν μας σταματά από το να αποκτήσουμε την προσωπική ευτυχία.

Αλλά αν το κάνουμε αυτό, εάν παραιτηθούμε και υποχωρήσουμε, τότε η Ευρώπη δίχως καμία αμφιβολία και για πάντα θα παρακμάσει και θα πέσει.

Είναι αυτό αποδεκτό, όσο μπορούμε εμείς να ζήσουμε τις ζωές μας χαρούμενα και ειρηνικά;

*

Μπορούμε να όμως να φτάσουμε σε ένα διαφορετικό συμπέρασμα. Μπορούμε με υπερηφάνεια και γενναιότητα να δηλώσουμε: "Η Ευρώπη ποτέ δεν θα πεθάνει! Ποτέ δεν θα επιτρέψουμε στην Ευρώπη να πεθάνει!"

Εάν πούμε αυτό, εάν αρκετοί από εμάς το έλεγαν, εάν αρκετοί από εμάς ξεσηκώνονταν και πολεμούσαν, εάν μπορούμε να βρούμε το κουράγιο γι' αυτή την απόφαση, τότε ναι, η Ευρώπη θα ζήσει. Τότε αυτή η ήπειρος θα ξαναγεννηθεί και θα μπει σε μία νέα εποχή ελευθερίας. Θα είμαστε οι ήρωες της μελλοντικής ιστορίας.

*

Θα σημάνει μία μάχη. Όχι για εβδομάδες ή μήνες, αλλά για χρόνια και δεκαετίες, μία μάχη που θα εξαντλήσει και θα έχει τις συνέπειες της για τον κάθε ένα από εμάς.

Θα σημάνει να αντιμετωπίσουμε. Να αντιμετωπίσουμε τους γονείς μας, την πολιτεία, την πολιτική, να αντιμετωπίσουμε κάθε έναν που ισχυρίζεται ότι είναι ικανός να καθορίσει το μέλλον μας για εμάς.

Θα σημάνει ότι θα υψώσουμε τις φωνές μας, ότι θα μιλήσουμε πως συκοφαντείται η ταυτοτητά μας, ότι θα διακόπτουμε όταν όλοι οι άλλοι βρίσκονται σε παθητική συμφωνία.

Θα σημάνει διαμάχη. Θα σημάνει παθιασμένη διαμάχη, χωρίς ποτέ να αμφισβητήσουμε την δικαιοσύνη του σκοπού μας.

Θα σημάνει σύγκρουση. Σύγκρουση με τις οικογένειές μας, τους δασκάλους και τους καθηγητές μας, και με όλους αυτούς των οποίων το σεβασμό στην πραγματικότητα θα θέλαμε να κερδίσουμε.

Σκέψου καλά γι' αυτή την απόφαση. Όταν την πάρεις, δεν μπορείς ποτέ να υπαναχωρήσεις. Όταν επιλέξεις τον αγώνα για την ταυτοτητά μας, δεν θα ξαναμείνει ποτέ εν ειρήνη. Δεν θα υποχωρήσεις ποτέ, γιατί δεν θα είσαι ποτέ χαρούμενος μέχρι να σωθεί η χώρα μας.

Αδελφοί και αδελφές, αυτή είναι η μοίρα μας, η αποφασή μας. Γιατί είμαστε η γενιά της ταυτότητας.

40. ΤΑ ΟΠΛΑ ΜΑΣ

Αδελφοί και Αδελφές!
Ο αγώνας μας είναι σκληρός και οι αντίπαλοί μας δεν γνωρίζουν τι είναι το έλεος. Μας μισούν γιατί τους κλέβουμε τις ψευδαισθήσεις μας. Να γνωρίζετε ότι θα χρησιμοποιήσουν κάθε κόλπο και παραπλάνηση στην διαθεσή τους.
Θα μας κακομεταχειριστούν στα media, θα μας προσβάλουν και θα μας ταπεινώσουν και θα κάνουν τα πάντα εκτός από το να μας μιλήσουν. Μην περιμένετε έναν ανοιχτό διάλογο ή μία ζηωρή ανταλλαγή επιχειρημάτων. Μην περιμένετε από αυτούς να ακολουθήσουν τους κανόνες. Δεν θα το κάνουν και έτσι δεν μπορούμε να το κάνουμε κι εμείς.
Θα υπάρχει διάλογος, μόνο εάν τους αναγκάσουμε σε έναν. Ως εκ τούτου πρέπει να επιζητούμε την αντιπαράθεση. Πρέπει να φωνάζουμε και να ουρλιάζουμε τόσο δυνατά που κανείς δεν θα μπορεί να μας αγνοήσει πιά. Γι' αυτό χρειαζόμαστε ένα γενναίο και καινοτόμο κίνημα.
Ένα κίνημα που δρά αντί να περιμένει. Χρειάζεται δράση αντί για αντίδραση, πάθος αντί του ψυχρού υπολογισμού, γενναιότητα αντί για δειλία, πνευματική ευλυγισία και ελαστικότητα αντί για παράλυση και συντηρητισμό, αγάπη αντί για μίσος, κοινότητα αντί για ατομικισμό.
Ένα κίνημα τέτοιο πολύ σπάνια έχει δημιουργηθεί στο παρελθόν και πολύ δύσκολα και στο μέλλον.

*

Πρέπει να ρίξουμε τα ερματά μας στην θάλασσα για να μείνουμε έντονοι. Είμαστε σε πόλεμο με εχθρούς που απολαμβάνουν τεράστια πλεονεκτήματα. Ελέγχουν ένα οπλοστάσιο που εμείς δεν μπορούμε καν να ονειρευτούμε — εφημερίδες, τηλεοπτικούς σταθμούς, πολιτικά κόμματα και κυβερνήσεις. Κυριαρχούν στον δημόσιο διάλογο και συνομωτούν ο ένας με τον άλλον.

Εάν θέλουμε να κερδίσουμε αυτό τον αγώνα, πρέπει να εξοπλιστούμε.

Πρέπει να δημιουργήσουμε πνευματικά όπλα, γιατί τα οπλοστασιά μας είναι άδεια. Γράψτε βιβλία αδελφοί και αδελφές, γιατί κάθε πρόταση αναφλέγει τα πάθη σε χιλιάδες άλλους. Τραγουδήστε τραγούδια, αδελφοί και αδελφές, γιατί ένα τραγούδι μπορεί να κινήσει ολόκληρο τον κόσμο. Ζωγραφίστε εικόνες και φτιάξτε βίντεο, γιατί αυτά λένε περισσότερα από όσα θα μπορούσαν ποτέ να πούν οι λέξεις. Χρειαζόμαστε κάθε όπλο το οποίο μπορούμε να έχουμε στα χέρια μας. Κάθε ένας από εσάς έχει ένα ταλέντο που μπορεί να χρησιμοποιήσει στον αγώνα. Βοηθήστε μας να δημιουργήσουμε τα όπλα που θα χρησιμοποιήσουμε στην μάχη κατά της γενιάς του '68. Θα τους νικήσουμε.

Γιατί είμαστε η γενιά της ταυτότητας.

41. ΚΗΡΥΞΗ ΠΟΛΕΜΟΥ

Γενιά του '68

Θέσαμε εμπρός σας τα επιχειρήματά μας, στην ολότητά τους! Επιτέλους! Αναλύσαμε τις πράξεις σας και τις επιρροές σας σε ένα ευρύ φάσμα περιπτώσεων. Γνωρίζουμε τι θέλατε και τι πραγματοποιήσατε. Κατανοούμε εσάς και τις πράξεις σας, καλύτερα από ότι εσείς οι ίδιοι. Και τώρα ακούστε την ετυμηγορία μας.

Τώρα και για όλες τις εποχές, σας απόκυρήσσουμε ως την καταστροφή και την αποδόμηση της Ευρώπης και του κόσμου. Είστε εχθροί όλων των ταυτοτήτων και αντίπαλοι κάθε μορφής ποικιλότητας. Σιχαίνεστε κάθε τι δυναμική και χρωματιστό. Εν γνώσει σας καταστρέψατε κάθε τι που ήταν ιερό για εμάς και τους προγόνους μας. Μας καταδικάσατε σε αυτή την ζωή που είναι σαν ένα χλωμό ηλιοβασίλεμα. Δολοφονήσατε τα αδέλφια μας και εγκαταλείψατε τις ευθύνες σας.

Πολεμήσατε ενάντια σε κάθε τι φυσικό και σκοτώσατε κάθε τι που είχε μεγαλώσει διαμέσου των αιώνων. Τώρα σας φέρνουμε δικαιοσύνη.

Θα αρπάξουμε το σκήπτρο της εξουσίας, από τα τρεμάμενα χέρια σας. Εάν δεν θέλετε να το δώσετε, θα σας πολεμήσουμε μέχρι να εκθρονιστείτε και να γίνετε ακίνδυνοι.

Όσο και να πάρει, ό,τι και να κοστίσει, θα σας νικήσουμε. Η εποχή σας είναι στο τέλος της. Θα σκουπίσουμε τις παραληρηματικές ιδέες σας μαζί με εσάς. Θα έπρεπε να ξέρετε ότι θα εξαφανίσουμε τις δομές εξουσίας που χρησιμοποιούσατε για να κυριαρχείτε πάνω μας, τις ρίζες και τα κλωνάρια τους.

*

Η υπομονή μας έφτασε στο τέλος της.

Μην θεωρείτε αυτό το βιβλίο ως μανιφέστο. Είναι μία κήρυξη πολέμου.

Του πολέμου μας εναντίον σας.

Other Books Published by Arktos

The Dharma Manifesto
by Sri Dharma Pravartaka Acharya

Beyond Human Rights
by Alain de Benoist

Carl Schmitt Today
by Alain de Benoist

Manifesto for a European Renaissance
by Alain de Benoist & Charles Champetier

The Problem of Democracy
by Alain de Benoist

Germany's Third Empire
by Arthur Moeller van den Bruck

The Arctic Home in the Vedas
by Bal Gangadhar Tilak

Revolution from Above
by Kerry Bolton

The Fourth Political Theory
by Alexander Dugin

Fascism Viewed from the Right
by Julius Evola

Metaphysics of War
by Julius Evola

Notes on the Third Reich
by Julius Evola

The Path of Cinnabar
by Julius Evola

Archeofuturism
by Guillaume Faye

Convergence of Catastrophes
by Guillaume Faye

Why We Fight
by Guillaume Faye

The WASP Question
by Andrew Fraser

We are Generation Identity
by Génération Identitaire

War and Democracy
by Paul Gottfried

The Saga of the Aryan Race
by Porus Homi Havewala

The Owls of Afrasiab
by Lars Holger Holm

Homo Maximus
by Lars Holger Holm

De Naturae Natura
by Alexander Jacob

Fighting for the Essence
by Pierre Krebs

Can Life Prevail?
by Pentti Linkola

The Conservative
by H. P. Lovecraft

The NRA and the Media
by Brian Anse Patrick

The Ten Commandments of Propaganda
by Brian Anse Patrick

Zombology
by Brian Anse Patrick

Morning Crafts
by Tito Perdue

A Handbook of Traditional Living
by Raido

The Agni and the Ecstasy
by Steven J. Rosen

The Jedi in the Lotus
by Steven J. Rosen

It Cannot Be Stormed
by Ernst von Salomon

Tradition & Revolution
by Troy Southgate

Against Democracy and Equality
by Tomislav Sunic

Nietzsche's Coming God
by Abir Taha

A Europe of Nations
by Markus Willinger

Generation Identity
by Markus Willinger

The Initiate: Journal of Traditional Studies
by David J. Wingfield (ed.)